世界のトップアスリートも認めた、
究極の身体回復・向上トリートメント

PNF スポーツオイルマッサージ

Tsuji式PNFテクニック考案者
辻 亮

動的×静的アプローチで
深部筋肉・神経まで
働きかける！

スポーツトリートメント・セラピスト
田中代志美

動　静

BAB JAPAN

はじめに

●過酷なアイアンマンレースで実証された手技だから、あらゆるケースに対応！

　皆さんは、アイアンマンレースというスポーツ競技を耳にしたことがありますか？

　トライアスロンというと、オリンピック競技にもなってますので、多くの方がご存知かもしれません。アイアンマンレースというのは、トライアスロン競技の中でも最も長い距離を走破するレースであり、スイム（海）3.8km、バイク（自転車）180km、ラン（フルマラソン）42.195kmを一気に駆け抜けていきます。

　世界大会になれば、男性のトップグループのタイムは8時間台！　女性でも9時間台！　という、まさに鉄人（アイアンマン）なのです。昨今はマラソンブームでもあることから、少しでもランをしたことがある方ならば、驚異的な内容と時間であることに気がつくと思います。

　申し遅れましたが、私（筆者）辻亮はスポーツトレーナーとして十数年活動をしており、PNFテクニックという米国発祥のリハビリテーション手技を活用して、アスリートや一般の方へコンディショニング（調整）とケアの施術を行っております。

　また、この技術を「Tsuji式PNFテクニック」として全国の治療家やセラピストの方々に技術指導し、普及活動もライフワークとしています。

　これまでにもBABジャパンからTsuji式PNFテクニック関連の書籍やDVDを発売させていただいており、週末は読者である治療家やセラピストの方々に向けて講習を行ったり、国内外問わず、スポーツの現場において選手たちのケアを積極的に実施しています。

その中で特に激しいスポーツ、アイアンマンレースの後のケアでは、老廃物や疲労物質の除去、遅延筋肉痛の予防などにオイルマッサージが非常に効果があることに気がつき、それと私のTsuji式PNFテクニックの手技を組み合わせていくことで、これまでになく高い施術効果が判明しました。それが本書でご紹介するPNFスポーツオイルマッサージなのです。

　PNFは前述した通り、リハビリテーションから発展した手技でもあることから、運動療法の要素も

プロトライアスリート／スポーツナビゲーター
白戸太朗（アスロニア代表）

含みます。また、非常に身体の機能が低下した脳性疾患者のために開発されたものでもあるので、シビアな状態の方にも対応できます。

　PNFのこの2つの要素から、これまで静的なアプローチが中心だったスポーツ後のケアから、Tsuji式PNFテクニックという動的なアプローチを織り交ぜた方法へと変化し、当然のごとく高い施術効果が実証されてきております。そのような経緯で、この画期的な手技療法が生まれたのです。

　施術効果が高い理由を、もう少し詳しく説明しておきましょう。

　実はアイアンマンレースにおいて、選手たちがフィニッシュした後に突然の休息を与えないために会場内のマッサージブースまである程度の距離をおき、選手たちがそこまで歩きながらクールダウンできるように動線が工夫されています。

　なぜならば、長時間にわたる激しい運動を突然中止すると、その運動に

慣れた状態からの急激な変化によって、筋肉、神経、肺、心臓など様々な組織に負担がかかってしまうからです。

　また、急に運動を停止すると、乳酸などの老廃物がうまく処理されず、組織に蓄積されたままになります。

　しかしながら、これまでマッサージというのは疲労回復や各種症状の緩和のために、静的なもの、受動的なものばかりでした。そのため、クールダウンのための会場設営の工夫があったとしても、マッサージに入ると突然の安静によって逆に身体へ負担がかかる危惧は完全に避けられなかったのです。

　ところが、このTsuji式PNFテクニックの動的なアプローチは、神経、筋肉に働きかけて完全な安静状態を作らないことによって、スポーツオイルマッサージの効果を向上させることに成功したと説明できるわけです。

　運動を行う際にはウォームアップも必要ですが、このようにクールダウンも非常に重要となります。つまり、競技のパフォーマンス時を頂点とした場合、血圧や心拍数は緩やかな曲線を描くのが最も身体への負担が少なく、疲労蓄積も避けられる方法なのです。

　また、本手技の開発には、私の同志でもあり恩師でもあるスウェディッシュマッサージセラピストの田中代志美先生のご協力がなければ、成し遂げられませんでした。

　ハワイ島（ビックアイランド）で行わ

れるアイアンマンワールドチャンピオンシップにおいて、私たち日本人トレーナーチーム「国境なきセラピスト団」がオフィシャルマッサージブースを担当させていただいているのも彼女の導きです。これは彼女が元々、ハワイ島でセラピスト養成スクールの講師をしていた経験から繋がったことだからです。

そして現在もなお、私たちが開発したPNFスポーツオイルマッサージ技術を習得した日本の熱い志を持つ治療家やセラピストの方々とともに、毎年10月はハワイ島へオフィシャルトレーナーとして駆けつけています。

そこでは、人間の限界を超えた鉄人たちのアフターケアを行います。まさに蘇生に近いアプローチになっており、朽ち果てかけた方々をリカバリー(復活)させ、施術後は多くの選手が自立し、歩いて帰路につけるようになるのです。

もちろんそれだけでなく、遅延筋肉痛も発生しにくく、怪我の予防、そして次のレースのためのトレーニングへスムーズに移行できるなど、数多くのメリットが生まれております。

これは、私自身も実際に選手としてホノルルトライアスロンに出場し、本手技をレース後に受けて効果を検証しておりますので、間違いありません。このように選手たちの声だけでなく、施術効果を身をもって体感していますので、自信を持って本書では皆様へPNFスポーツオイルマッサージをご紹介できます。

現在ではさらに活動実績が評価され、オアフ島のホノルルトライアスロン、国内のトライアスロンレースなどの数多くのトライアスロン関係のオフィシャルマッサージブースにて「国境なきセラピスト団」がオファーされるようになり、日々活動フィールドを広げております。そして何より、我ら「国境なきセラピスト団」として国内外で活動している団員は、各地域で大活躍する治

療家やセラピストになっています。

　なぜなら本技術を活用することで、トップアスリートやスポーツをされているクライアントだけでなく、高齢者、障害者のリハビリや治療、また、一般の方々の肩こり、腰痛、疲労回復まで、実に幅広い分野で結果を出しているからです。

　「なるほど！」と、私は感じております。世界で最も過酷なスポーツの現場で実証されている手技だからこそ、あらゆるケースに対応できるのだと！

　前述した通り、静的なアプローチだけでなく、動的なアプローチを加えることによって、筋肉や神経などに刺激を入れて身体の機能を活用しながら行うからこそ即効性が高く、この技術の効果を最大限に使えるのだと思います。

　さらにストレッチなども組み合わせていることで、マッサージでは届かない深部の筋肉を伸張させ、働きかけていけるのも理由の一つとして分析できます。

　アイアンマンレースの現場では、常識を超えるほどの激しい運動後であるため、マッサージ中に失神してしまう選手も少なくありません。マッサージを受けている際中に失神するというのは、通常の医療現場でもなかなか経験できない状況です。そのような過酷な現場で培われた経験と技術であるからこそ、あらゆるケースに対応が可能という証拠にもなるわけです。

　カテゴリーは異なりますが、スマートフォンにせよ、自動車にせよ、世の中で消費者に供給される商品は、常に耐久テストなどを行って検証を繰り返しています。例えば、F1レースで走るレーシングカーは一般道を走ることはありませんが、世界中の自動車メーカーがこぞって参加するのは、エンジン開発などに活かした最新技術や耐久性を検証するためでもあります。

　そこで実証されたものが、一般の自動車にも活用されるという流れです。なぜなら、最も過酷なレースで証明されているマシン、技術であることから

こそ、一般車においても安全性、機能性が保証されるからなのです。

まさにこれは、カーレースの最高峰であるF1レースのごとく世界で最も過酷なスポーツでもあるアイアンマンレース、それも世界大会決勝戦においてPNFスポーツオイルマッサージが選手たちのケアで活用され、効果が実証されていることと同じ意味をなすわけです。

今日、メディカル、リラクゼーションなどでは様々なマッサージ技術が採用されていますが、本書でご紹介する「PNFスポーツオイルマッサージ」は、間違いなく最高の技術であることをご理解いただけると思います。

本書では図解も多く取り入れ、できる限りわかりやすく紹介しております。未経験者であっても、繰り返し練習していただければ技術習得が可能です。医療、スポーツの現場はもちろんですが、ぜひご家庭内でも活用いただけましたら筆者としても嬉しく思います。

2020年の東京オリンピックに向けて、これからの高齢化社会に向けて、そして海外でも活躍できるセラピストの育成に向けて、本業界で働く方、本業界を目指す方への指南書の一つに加えていただければ幸いです。

国境なきセラピスト団　辻 亮

CONTENTS

はじめに　過酷なアイアンマンレースで実証された手技だから、あらゆるケースに対応！…002

■基本知識編　013
Tsuji式PNFテクニックとは？　014
style Yos!!とは？　018
PNFスポーツオイルマッサージの基本的知識　019
- ●解剖学的方向、および全身の主な筋肉…020
- ●施術のタイミングの目安…022
- ●PNFスポーツオイルマッサージの効果…023

スポーツオイルマッサージで使うテクニック（手技）　024
- ●エフララージ、スージング（軽擦法）…024
- ●ニーディング、リンギング（揉捏法）…027
- ●フリクション（強擦法）…029
- ●コンプレッション（圧迫法）…030
- ●シェーキング（振せん法）…031
- ●パーカッション、カッピング（叩打法）…032
- ●ストレッチ（伸展法）…033

PNFスポーツオイルマッサージを始める前に準備しておくもの　034
- ●マッサージオイル…034
- ●シーツや大判バスタオル…035

効果的な精油について　035
- ●精油とは…035
- ●緊張をほぐしてくれる精油…036
- ●集中力を高める精油…036
- ●筋肉の疲労回復に良い精油…036
- ●精油のブレンドについて…037
- ●基本的精油の効能…038

本手技を習得するために　040
- ●実際に現場で行う順番…041

施術前の注意事項　042
- ●施術者側の注意事項…042
- ●クライアント側の注意事項…043

施術中の注意事項と緊急事態の対処方法　　043
- ● 出血…044
- ● 筋痙攣…044
- ● 震え…046
- ● 失神…047

PNFストレッチの用語解説　　048
- ● ファーストタッチ…048
- ● コントラクトリラックス…050
- ● マニュアルコンタクト…052

■実技編 ❶　スポーツオイルマッサージ　　053
スポーツオイルマッサージを習得しよう！　　054

1. Face up（仰向け）—下肢　　スポーツオイルマッサージ…056
- ● 単体でも効果的な取り入れ方…056
  - 01. 大腿部……ロッキング…057
  - 02. 下肢（脚）全体……エフララージ…058
  - 03. 大腿部……ニーディング…060
  - 04. 大腿部・腸脛靭帯（ITバンド／ Iliotibial tract）……スージング…062
  - 05. 大腿部内転筋群……リンギング…064
  - 06. 大腿部……リンギング…066
  - 07. 膝蓋骨周囲……スージング…068
  - 08. 膝関節内側……ニーディング…070
  - 09. 大腿直筋……オープンC…072
  - 10. 下腿部……オープンC…074
  - 11. 下肢（脚）全体……エフララージ…076
- **COLUMN ❶**　疲労を除去する水分摂取方法…078

2. Face up（仰向け）—上肢　　スポーツオイルマッサージ…079
- ● 単体でも効果的な取り入れ方…079
  - 01. 頭部……スージング…080
  - 02. 胸部上部（大胸筋）、頚部……エフララージ…081
  - 03. 胸部肋間筋……フィンガーニーディング…084
  - 04. 僧帽筋……ニーディング…086
  - 05. 頚部〜後頭部下部……ニーディング…088

- 06. 頚部……エフララージ & ストレッチ…090
- 07. 上肢（腕）全体……エフララージ…093
- 08. 上肢（腕）全体……ニーディング…096
- 09. 上腕三頭筋……ニーディング…098
- 10. 肘関節周囲、屈筋・伸筋……ニーディング…100
- 11. 前腕……ニーディング…102
- 12. 上肢（腕）全体……エフララージ…104

3. Face down（うつ伏せ）—下肢　スポーツオイルマッサージ …………106
- ◉単体でも効果的な取り入れ方…106
- 01. 下肢（脚）全体……エフララージ…107
- 02. 大腿部……ニーディング…109
- 03. 大腿部・腸脛靭帯（ITバンド／ Iliotibial tract）……スージング…110
- 04. 大腿部……リンギング…112
- 05. 膝窩……ニーディング…114
- 06. 腓腹筋……ニーディング…116
- 07. 腓腹筋……リンギング…118
- 08. 臀部……ナックル…120
- 09. 下肢（脚）全体……エフララージ…122

COLUMN ❷　海外のスポーツ選手への施術で使えるワンポイント英会話…124

4. Face down（うつ伏せ）—上肢　スポーツオイルマッサージ …………125
- ◉単体でも効果的な取り入れ方…125
- 01. 腰背部、肩部、頚部……エフララージ…126
- 02. 脊柱起立筋……フィンガーニーディング…130
- 03. 腰方形筋（QL ／ Quadratus Lumborum）……ニーディング…132
- 04. 菱形筋……ニーディング＆エフララージ…134
- 05. 肩甲骨……スージング…136
- 06. 僧帽筋〜腰部……リンギング…138
- 07. 上肢（腕）全体……エフララージ…140
- 08. 上腕三頭筋……ニーディング…142
- 09. 前腕……ニーディング…144
- 10. 手のひら……フィンガーストローク…146
- 11. 上肢（腕）全体……エフララージ…148
- 12. 背中全体……フェザータッチ…150

■**実技編 ❷　PNF ストレッチ** ……………………………………… 153
PNF ストレッチを習得しよう！ ……………………………… 154

5. Face up（仰向け）―下肢　　PNFストレッチ ……………………155
● 単体でも効果的な取り入れ方…155

- **01.** 股関節屈曲・伸展 PNF…156
  ヒラメ筋ストレッチ＆マニュアルコンタクト…160
  腓腹筋ストレッチ＆マニュアルコンタクト…162

- **02.** 膝伸展、股関節屈曲・伸展（SLR）PNF…164
  ハムストリングスストレッチ＆マニュアルコンタクト…169
  大臀筋ストレッチ＆マニュアルコンタクト…170

- **03.** 股関節内旋・外旋 PNF…172
  股関節内旋筋ストレッチ＆マニュアルコンタクト…176
  股関節外旋筋ストレッチ＆マニュアルコンタクト…178

COLUMN ❸　活動フィールドを広げよう！……180

6. Face up（仰向け）―上肢　　PNFストレッチ ……………………181
● 単体でも効果的な取り入れ方…181

- **01.** 肩関節屈曲・伸展 PNF…182
  上腕三頭筋ストレッチ＆マニュアルコンタクト…186

- **02.** 肩関節内旋・外旋 PNF…188
  肩関節外旋筋ストレッチ＆マニュアルコンタクト…192
  肩関節内旋筋ストレッチ＆マニュアルコンタクト…194

  PICK UP！　もう一つの肩関節内旋筋・外旋筋ストレッチ方法…196

- **03.** 肩関節水平内転・水平外転 PNF…198
  三角筋ストレッチ＆マニュアルコンタクト…202

7. Face down（うつ伏せ）—下肢　PNFストレッチ　…205
- ●単体でも効果的な取り入れ方…205

　01. 膝関節屈曲・伸展 PNF…206
　　　 大腿四頭筋ストレッチ＆マニュアルコンタクト…210

　02. 股関節外旋・内旋 PNF…214
　　　 大腿外側広筋ストレッチ＆マニュアルコンタクト…218
　　　 中臀筋ストレッチ＆マニュアルコンタクト…220

8. Face down（うつ伏せ）—上肢　PNFストレッチ　…223
- ●単体でも効果的な取り入れ方…223

　01. 肩甲骨下方回旋 PNF…224
　　　 広背筋ストレッチ＆マニュアルコンタクト…226

　02. 上腕三頭筋ストレッチ＆マニュアルコンタクト…228

　03. 大胸筋ストレッチ＆マニュアルコンタクト…230

施術後の注意事項　…234
クライアントへのセルフケア指導　…235
- ●下半身のセルフマッサージ…236
- ●下半身のセルフストレッチ…238
- ●上半身のセルフマッサージ…240
- ●上半身のセルフストレッチ…242

おわりに　次世代のセラピスト、トレーナーの皆様へ…244

基本知識 編

Tsuji式PNFテクニックとは？

　まずは、PNFスポーツオイルマッサージにおけるPNFの手技についてご説明致します。

　このPNFというものは、そもそも米国にて1940年代に理学療法士マーガレット・ノット、ドロシー・ボスらが手技として確立した手技療法です。PNFのPは「Proprioceptive」(固有受容性感覚器)、Nは「Neuromuscular」(神経筋)、Fは「Facilitation」(促通)を表し、それぞれの頭文字を取った略語になります。

Proprioceptive（固有受容性感覚器）

Neuromuscular（神経筋）

Facilitation（促通）

　PNFの開発当初は、リハビリテーションの徒手テクニックとして、脳や脊髄などの神経系に関わる病気や怪我によって動きに制限が出てきた身体を回復させるために活用されていました。現在、日本ではこの技術を応用して、医療の現場だけでなくスポーツのパフォーマンス向上や肩こり、腰痛の予防、改善など幅広く活用されております。

　その最大の特徴は、施術者の手からクライアントの身体へ感覚を通して

神経にアプローチすることで「動きやすさ」を出していき、柔軟性や関節の動き（可動域）を向上させることです。

　ここで、PNFの施術における神経の動きについて、簡単にご説明します。
　通常の運動では、脳から発信された運動神経（遠心性神経）が筋肉を動かしていく流れとなります。しかしPNFでは、施術者の徒手によるタッチがクライアントの感覚神経（求心性神経）を通じて脳に入ってから運動神経を発信するという流れを必ず守って行われます。そうすることで、クライアントは動作に対しての意識が深まるので、これまでに説明した効果が表れやすくなるわけです。
　Tsuji式PNFは、これらの効果を最大限に発揮できるように、クライアントの筋出力を最低限にして、より感覚神経に意識を持たせるように工夫しております。そのため、施術者もクライアントもこの手技で負荷を感じることは少なく、安全に効果を出せるのが特徴です。

　特にこのスポーツオイルマッサージとの組み合わせで使用するTsuji式PNFは、これまで『Tsuji式PNFテクニック入門』『Tsuji式PNFホームケア入門』の2冊の著書で紹介したクライアントが自ら身体を動かす自動運動のTsuji式PNFとも異なります。クライアント自身は脱力した状態でアプローチする他動運動がメインのため、激しい運動の後や高齢者にも対応しているのです。しかしながら、施術者のタッチから感覚神経が流れ、それからクライアントの運動神経が流れていくというルート自体は、そのまま応用していくものです。
　これにより施術中は完全な安静状態でなくなるために、スポーツ後においては急激なクールダウンが避けられ、筋肉や心肺、内臓への負担を大きく軽減することが可能になります。また、一般の方への施術にあたっても、

基本知識編

遠心性神経の流れ（イメージ）

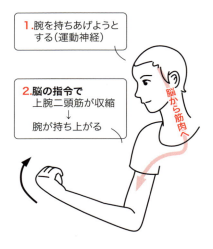

求心性神経の流れ（イメージ）

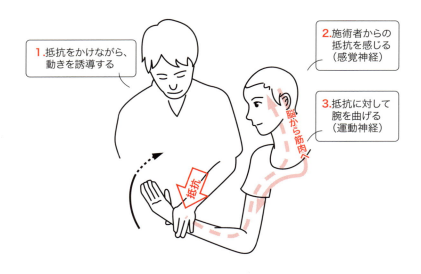

関節可動域を向上させたりするセラピューティックな（治癒力の高い）アプローチを可能にするメリットがあります。

　さらにPNFスポーツオイルマッサージにおいては、Tsuji式PNFストレッチというかたちでストレッチ技術も多数盛り込んでいます。そのため、通常のマッサージでは届かない深部の筋肉へも伸張、刺激を与え、ストレッチをしている間はマニュアルコンタクトという技術で伸ばしている筋肉の走行に合わせてオイルマッサージを施します。これによりマッサージ効果はさらに向上し、血液やリンパの流れを促進して、疲労物質、老廃物の除去、蓄積抑制に働きかけていきます。

　Tsuji式PNFはこれまでのPNFと異なり、非常にシンプルで施術のしやすい手技ではありますが、効果は絶大です。簡単なアプローチの裏側には、しっかりした理論と裏付けがあります。

style Yos !!とは？

次に、style Yos !! のスポーツオイルマッサージについてご説明致します。

style Yos !! とは、五感を研ぎ澄ます島、自然あふれる島、世界でも屈指のパワースポットとして有名な米国ハワイ州ハワイ島（ビッグアイランド）にあるマッサージスクールでマッサージの基本であるスウェディッシュトリートメントを学び、その後現地でもスクール講師として活躍した田中代志美オリジナルの手技です。

スポーツ選手が考えた手技であるスウェディッシュトリートメントがベースとなっているため、セラピューティックな（治癒力の高い）アプローチが多く、Tsuji 式 PNF と手技の理論や考え方に共通する部分が多いのも特徴です。その手技にハワイの伝統的なマッサージであるロミロミの手技をプラスし、独自の手順で深層筋にも働きかけるように施術するスタイルが style Yos !! なのです。

海外のスポーツ現場での経験を生かした施術技術講習などを通して、実習の必要性を強く感じ、長年にわたりハワイ島、アイアンマンワールドチャンピオンシップにおいてセラピストやトレーナーの現場実習を行っております。アクシデントへの対応や現場セッティングはもとより、選手とのコミュニケーションなど、実践で体験することの大切さを参加された方に感じていただいております。

そして施術家はもちろん、広く一般の方にも、もっと手軽に身近にこのトリートメントを体験していただきたいという思いから、Tsuji 式 PNF との融合性を高めて体系化し、わかりやすく実施しやすいように本書で解説しました。

PNFスポーツオイルマッサージの基本的知識

ここで、PNFスポーツオイルマッサージについて、押さえておくべき基本的な知識をご説明します。

スポーツ競技をするうえで起こる身体の問題としては、以下の2つに大別できます。

1. スポーツ外傷

スポーツの際、アクシデントにより起きる外傷。

2. スポーツ障害

特定のスポーツをし続けることで、同じ筋肉、関節に負担がかかり、動きを制限してしまったり、痛みが出てきたりする症状。

ここで学ぶPNFスポーツオイルマッサージは、上記の2つの問題に対処します。つまり、スポーツ外傷からの復帰を早め、スポーツ障害に陥った場合にも素早く回復できるようにするのです。

●解剖学的方向、および全身の主な筋肉

　PNFスポーツオイルマッサージを施術するうえでは特に、人体構造を理解していなくてはなりません。そのため、解剖学的方向の図、及び大まかな筋肉の図を掲載しておきます。

解剖学で使う方向用語

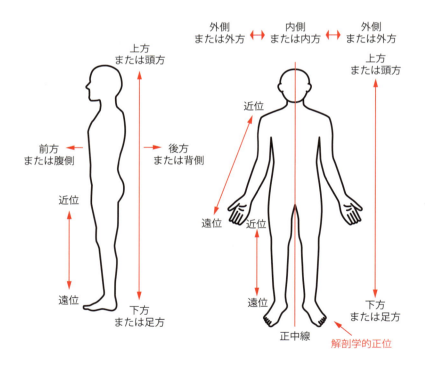

全身の主な筋肉

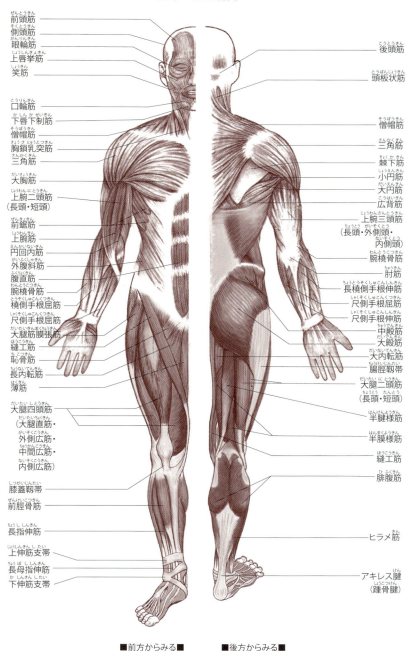

■前方からみる■　■後方からみる■

●施術のタイミングの目安

　PNFスポーツオイルマッサージは、試合のタイミングを基準として考えた場合、いつ施術したらよいのでしょうか？
　各々のタイミングの目安を、以下にご紹介しておきます。

■試合前とは………試合の1～14日前が目安
■試合直前とは……試合の15～60分前が目安
■試合直後とは……試合の3時間後までが目安
■試合後とは………試合の1～3日後までが目安
■現状維持とは……2～3週間に一度が目安

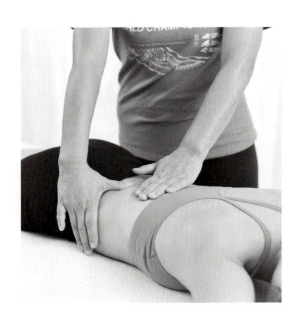

● PNFスポーツオイルマッサージの効果

　それでは、PNFスポーツオイルマッサージの手技について、具体的な内容をご説明していきます。

　一般的には、施術を受けにいくのは損傷や怪我が起きてからとお考えの方も少なくないと思います。しかし、PNFスポーツオイルマッサージはその場合だけではありません。むしろ、怪我や損傷が起こる前に行い、関節の可動域を上げ、筋肉の質を高めることによってスポーツ選手のパフォーマンスを向上させるとともに、選手生命を延ばすことを目的として生み出されたものです。

　具体的には、次のような効果が挙げられます。

- ■関節の可動域を上げる。
- ■筋肉をリラックスさせ、筋肉の柔軟性と弾力性の再生を助ける。
- ■筋肉疲労を迅速に回復させ、筋肉痛のもととなる老廃物を除去する。
- ■筋肉の癒着を解消し、怪我に由来する瘢痕組織を柔らかくする。
- ■怪我や症候群に発展する前の問題箇所を突き止める。
- ■筋肉の痛みと痙攣を和らげる。

スポーツオイルマッサージで使うテクニック（手技）

ここでは、スポーツオイルマッサージの工程で使われるテクニック（手技）について、代表的なものをご紹介していきます。

●エフララージ、スージング（軽擦法）

エフララージは最も多用されるストロークであり、トリートメントの最初と最後に使います。またマッサージオイルを広げる時にも使います。こうした最初のエフララージで、選手の痛みや腫れのある部位、熱を持っているところなどを手や指で把握することができます。

また、スージングとはゆっくり優しくほぐすことであり、痛みの強い箇所をほぐしていくのに有効です。

エフララージ

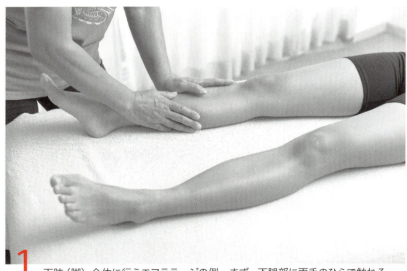

1　下肢（脚）全体に行うエフララージの例。まず、下腿部に両手のひらで触れる。

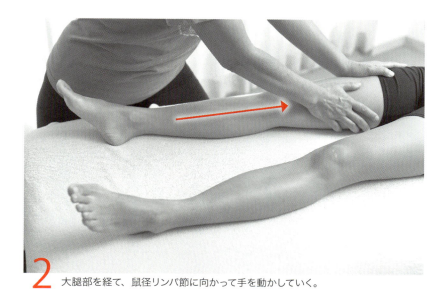

2 大腿部を経て、鼠径リンパ節に向かって手を動かしていく。

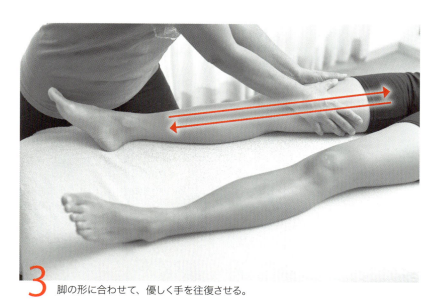

3 脚の形に合わせて、優しく手を往復させる。

スージング

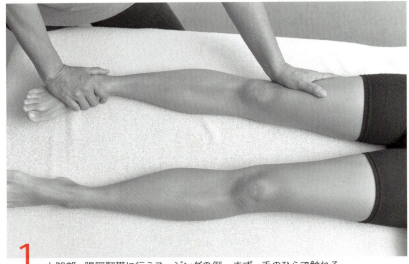

1 大腿部・腸脛靭帯に行うスージングの例。まず、手のひらで触れる。

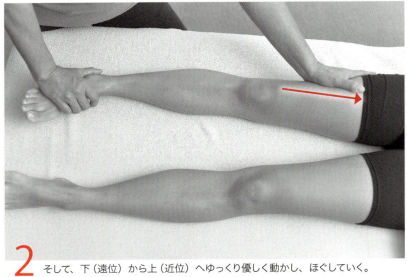

2 そして、下(遠位)から上(近位)へゆっくり優しく動かし、ほぐしていく。

●ニーディング、リンギング（揉捏法(じゅうねつほう)）

　大きな筋肉に深く働きかけるストロークです。筋肉を捏ねるようにするニーディング、筋肉を絞るようにするリンギングにより、老廃物の排出、血行促進の働きがあります。

ニーディング

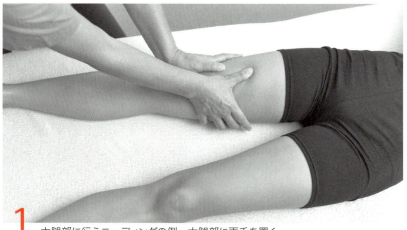

1　大腿部に行うニーディングの例。大腿部に両手を置く。

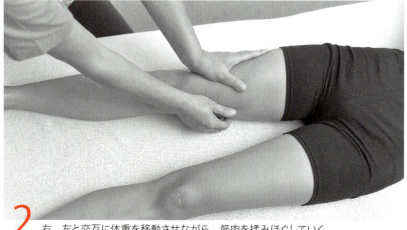

2　右、左と交互に体重を移動させながら、筋肉を揉みほぐしていく。

リンギング

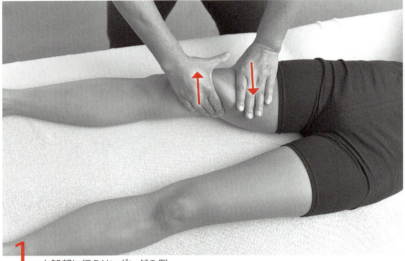

1 大腿部に行うリンギングの例。

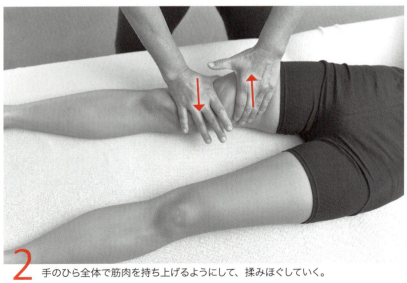

2 手のひら全体で筋肉を持ち上げるようにして、揉みほぐしていく。

●フリクション(強擦法(きょうさつほう))

　最も浸透度の高いストロークです。これは中程度から強い圧をかけて、筋肉、腱、靭帯の組織に対し横方向、円、縦方向と繰り返し圧をかけるテクニックです。クライアントの反応を見て、どの程度の強さにするかを判断します。

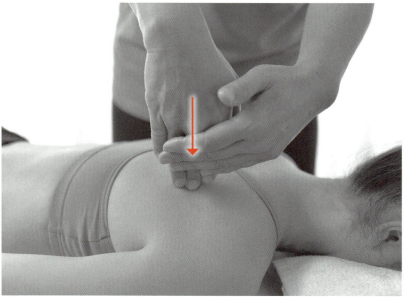

肩周りに行うフリクションの例。やや強めの圧をかける。

●コンプレッション（圧迫法）

筋肉を真上から適度な圧で押すテクニックです。

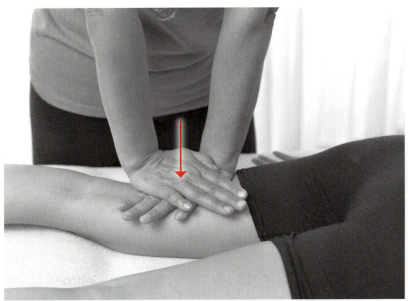

ハムストリングスに行うコンプレッションの例。

●シェーキング（振せん法）

筋肉を同じリズムで揺らすテクニックです。鎮静効果と安らぎ効果があります。

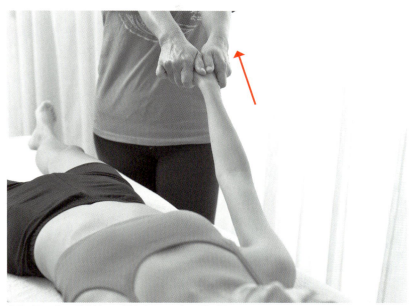

クライアントの手を持って揺らすシェーキングの例。

●パーカッション、カッピング（叩打法）

　左右の手を交互に使って、リズミカルに刺激を与えるテクニックです。皮膚の血行を良くします。このテクニックは練習が必要です。

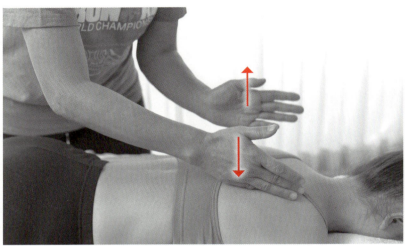
背中に行うパーカッションの例。

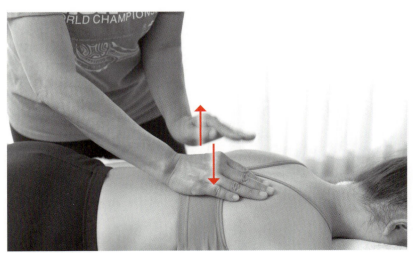
背中に行うカッピングの例。

◉ストレッチ（伸展法）

　PNFテクニックでもストレッチ手技は多様に使われますが、スポーツオイルマッサージの中にもストレッチにより筋肉の伸張を行いながらアプローチする手技があります。

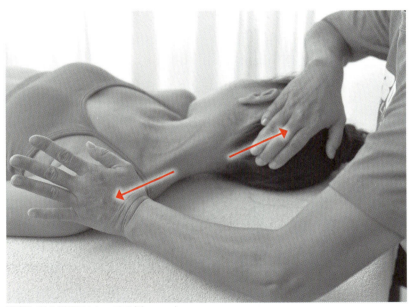

頚部に行う側屈ストレッチの例。

PNFスポーツオイルマッサージを始める前に準備しておくもの

◉マッサージオイル

　PNFスポーツオイルマッサージを施術する際には、マッサージオイルが必要です。他にクリームやジェル、ローションなども使用できます。
　すでに精油がブレンドされているマッサージオイルや、キャリアオイルに自分で精油を加えたオリジナルのブレンドオイルなど、それぞれ目的に合ったオイルを選択してください。身体に使うものなので、植物由来のオイルを使用しましょう。

　キャリアオイルとして一般的によく使われるのは、グレープシードオイル、ホホバオイル、スイートアーモンドオイルなどです。アレルギーのある方や、薬を飲んでいる方は注意が必要なオイルもありますので、ご確認ください。キャリアオイルの特徴は別表をご参照ください。

キャリアオイル名	特長
グレープシードオイル	匂いがなく、粘性が低く、さっぱりと軽い使い心地のオイル。刺激性が低く保湿効果が高いので、敏感肌や乾燥肌、脂性肌にも適している。
ホホバオイル	皮脂のバランス調整、抗炎症作用を持つオイル。脂性肌にも適し、肌の老化やシミやシワの予防に有効。
スイートアーモンドオイル	ビタミンEを豊富に含むため、肌を柔らかくする作用があるオイル。保湿作用、抗炎症作用もある。

◉シーツや大判バスタオル

　クライアントがスポーツウェアを着ている場合は、肌を露出している部分だけに施術しても構いません。しかし、シーツなどで体を覆って全身をトリートメントすることで、細部の筋肉までアプローチできます。選手が恥ずかしさを感じないようにシーツや大判バスタオルで身体をしっかり覆い、施術する部分だけを出すといいでしょう。

効果的な精油について

◉精油とは

　精油とは、植物から抽出された100パーセントピュアなオイルのことです。植物の葉、花、果皮、果実、根、種、樹皮、樹脂などから抽出した天然のオイルです。また、一般にアロマオイルと呼ばれているものは精油と違い、香料や化合物を加えてありますので、施術に使用するオイルは精油をお勧めします。

　PNFスポーツオイルマッサージにおいて精油を効果的に使うと、「試合での集中力を高める」「試合後の精神的リラックス」「筋肉の回復」など、あらゆる意味で有効です。では、どのような精油を使えばいいのでしょうか？

　目的別にいくつかご紹介致します。

◉緊張をほぐしてくれる精油

　スポーツの試合前などにおいて、心身に過度の緊張が見られる場合は、緊張をほぐしてくれるリラックス効果のある精油がおすすめです。
　例えば、ラベンダー、カモミールローマンなどです。

◉集中力を高める精油

　スポーツの試合直前は集中力を高める精油を使うと、クライアントのパフォーマンスを最大限まで引き出しやすくなります。
　例えば、ローズマリー、レモンなどが代表的です。

◉筋肉の疲労回復に良い精油

　過酷なスポーツの試合後、あるいは疲労度の高い練習の後などは、疲労回復効果の高い精油を使うと良いでしょう。
　例えば、マジョラム、ペパーミント、ウインターグリーン、ローズマリー、レモングラス、ジュニパー、ベチバーなどが挙げられます。

◉精油のブレンドについて

　いくつかの精油を組みあわせることで相乗効果を生んだり、いくつかの症状に対して有効に使えたりします。ただし、精油を複数（2、3種類）ブレンドする時は、香りが不快にならないように注意しましょう。精油はいくつかのグループに分かれています。そのグループの隣同士、あるいは同じグループ同士の相性が良いとされています。

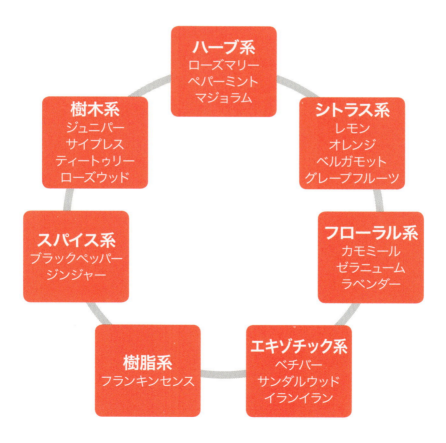

●基本的精油の効能

精油	学名	原産地	抽出法
マジョラム	Origanum majorana	フランス エジプト	葉 水蒸気蒸留
ウインターグリーン	Gaultheria fragranitssima	中国 アメリカ	葉、樹皮 水蒸気蒸留
ローズマリー	Rosmarinus offcinalis CT Cineole	チュニジア モロッコ	葉 水蒸気蒸留
ペパーミント	Mentha piperita	アメリカ 地中海地域	葉、茎 水蒸気蒸留
ジュニパー	Juniperus osteosperma and J.scopulorum	アメリカ	茎、葉、花 地上部の 水蒸気蒸留
サイプレス	Cupressus sempervirens	フランス スペイン	枝 水蒸気蒸留
レモングラス	Cymbopgon citratus	インド グァテマラ	草 水蒸気蒸留
ベチバー	Vetiveria zizanioides	エクアドル ハイチ	根 水蒸気蒸留
ラベンダー	Lavandula angustifolia	アメリカ	開花トップ 水蒸気蒸留
カモミールローマン	Anthemis nobilis	アメリカ フランス	花 水蒸気蒸留
レモン	Citrus limon	アメリカ イタリア	外皮 圧搾蒸留

☆参考資料
『エッセンシャルオイル　デスクレファレンス　第6版』　D・ゲリーヤング著　LIFE SCIENCE
『アロマセラピーのための84の精油』　ワンダ・セラー著、高山林太郎訳　フレグランスジャーナル

主成分	作用・効能
テルピネンー4-オール	筋肉の鎮静効果、関節の不快感を取り除くのに役立つ、神経を落ち着かせる助けになる
サルチル酸メチル	抗炎症作用、鎮痛作用、痙攣鎮静、鎮痛効果 ＊注意事項：てんかんの方は使用を控える
1.8 シネオール	集中力を高める、抗炎症作用 ＊注意事項：4歳以下の子供、高血圧症の方は使用を控える
メントール メトン	抗炎症、痛みの緩和、食欲抑制、集中力を高める ＊注意事項：乳児に使用しない。目、粘膜などは避ける
アルファピネン	腎臓機能の循環増加
アルファピネン	循環機能改善、痙攣鎮静、体液貯留軽減
ゲラニアール	抗炎症作用、結合組織や靭帯の再形成、血管拡張、筋肉を緩める
アイソバレンシノール	抗炎症、弛緩、痙攣鎮静、関節の炎症に効果的
酢酸リナリル リナロール	鎮痛、心身のリラックス、抗炎症、抗痙攣
イソインゲ+ イサミルメタクリレート	痙攣鎮静、抗炎症、不安緊張を最小限に抑える、心身ともリラックス
リモネン	免疫刺激剤、記憶向上、集中力を高める、リフレッシュ効果

本手技を習得するために

　PNFスポーツオイルマッサージを習得するにあたり、これまでオイルマッサージやストレッチの施術をしたことがある方は、大変有利になります。また、オイルを使わない通常のマッサージであっても、手さばきなどは似ている部分があります。むしろ、オイルを使用した方が摩擦が少ないことからアプローチしやすく感じるかもしれません。

　もちろん、「これまでマッサージもストレッチも施術した経験がない！」という方もご安心ください。本手技をできるだけスムーズに習得する方法を、ここではご紹介していきます。

　まず本書では、クライアントの体位として、仰向けの「Face Up」、うつ伏せの「Face Down」の2つしかありません。クライアントにできるだけストレスなく施術を受けてもらうためにも、体位変換は極力少なくしております。

　また、実際に現場で手技を行う順番は後述の通りとなりますが、本書の実技編では手技の習得段階でわかりやすくするため、先にまとめてスポーツオイルマッサージ（仰向け下肢、仰向け上肢、うつ伏せ下肢、うつ伏せ上肢）を解説し、後でまとめてPNFストレッチ（仰向け下肢、仰向け上肢、うつ伏せ下肢、うつ伏せ上肢）を解説しています。

●実際に現場で行う順番

- ■ Face Up（仰向け）―下肢　スポーツオイルマッサージ
- ■ Face Up（仰向け）―下肢　PNF ストレッチ
- ■ Face Up（仰向け）―上肢　スポーツオイルマッサージ
- ■ Face Up（仰向け）―上肢　PNF ストレッチ
- ■ Face Down（うつ伏せ）―下肢　スポーツオイルマッサージ
- ■ Face Down（うつ伏せ）―下肢　PNF ストレッチ
- ■ Face Down（うつ伏せ）―上肢　スポーツオイルマッサージ
- ■ Face Down（うつ伏せ）―上肢　PNF ストレッチ

　スムーズに習得する方法としては、まずはオイルマッサージの部分だけで練習を進めていきます。すべてのオイルマッサージを一度に仕上げるのでなく、一つの部位だけを繰り返し行っていきます。

　1回目は仰向けの下肢スポーツオイルマッサージだけ、2回目は仰向けの上肢オイルマッサージだけ、という具合です。3回目はうつ伏せの下肢スポーツオイルマッサージ、4回目はうつ伏せの上肢スポーツオイルマッサージ、5回目に仰向けのスポーツオイルマッサージをすべて、6回目にうつ伏せスポーツオイルマッサージをすべてといった具合で進めていき、最後にすべてのスポーツオイルマッサージを通しで練習します。

　スポーツオイルマッサージがすべて通しでスムーズにアプローチできるようになったら、次にPNFストレッチの部分をスポーツオイルマッサージと同じように進めていきます。

　もちろん習得には個人差が出ますので、この1回目、2回目という分け方は、1日の中で集中して行ってもいいですし、1日ごとでもいいでしょう。頻

度等は特に決まりはありません。

　そして、スポーツオイルマッサージとPNFストレッチがすべて通しでできるようになったら、最後に両方を組み合わせて統合し、PNFスポーツオイルマッサージの練習をして完成へと導きます。一度にすべてを習得しようとするのでなく、カテゴリー別に順を追って習得を進めていけば、全く難しくない内容です。

　また、もちろん現在使われている手技と組み合わせてパート別のアプローチも可能ですので、クライアントの状態に合わせて施術に活用していただきたいと思います。

施術前の注意事項

　PNFスポーツオイルマッサージを施術するにあたっては、下記の注意事項を確認しておきましょう。

◉施術者側の注意事項

- ■手指の爪は、きちんと手入れされているか？
- ■手洗い、消毒をして、清潔な状態であるか？
- ■手指に傷や出血はないか？　あれば処置しているか？
- ■施術ベッドの高さの調整はできているか？　施術者の大腿部（太ももから股関節）ほどの高さで、姿勢的に無理のない高さに設定しておく。一般的なマッサージより、やや高めが本手技では理想的である。
- ■オイル、精油などの備品類はすべて揃っているか？
- ■シーツやタオルなどのリネン類の準備はできているか？

●クライアント側の注意事項

　下記のようなことを、施術者とクライアントの双方で注意しながら、安全を確保して事故のないよう施術を行ってください。

- ■出血、怪我をしている部分はないか？　あれば処置しているか？
- ■施術してはいけない部位はないか？
- ■意識レベルは正常であるか？
- ■発熱していないか？
- ■飲酒後、または食後すぐではないか？
- ■妊娠、または妊娠の可能性はないか？
- ■重大な疾病、感染症にかかっていないか？
- ■高血圧、心臓病を患っていないか？（ペースメーカーの有無）
- ■他、医師からマッサージなどの施術を止められていないか？
- ■上記を踏まえ、事前カウンセリングを行っているか？

施術中の注意事項と緊急事態の対処方法

　PNFスポーツオイルマッサージは、最も過酷なトライアスロンであるアイアンマンレースの選手にも対応したアプローチ法です。そのため、トップアスリートの試合後（レース後）の状況も鑑みた、施術中の注意事項と緊急事態の対処方法もご紹介しておきます。

　通常のクライアントの場合には不要な部分もあるかもしれませんが、万が一の時も考慮して、一度目を通しておくと良いと思います。

●出血

　施術中に出血するというのは明らかに施術者のミスであり、あってはならないことですが、施術前に出血している部分を確認できた場合は速やかに対処することが必要です。

　特にPNFスポーツオイルマッサージは、クライアントの皮膚へダイレクトにアプローチする手技のため、出血があると双方にとって、HIV、肝炎、感染症などのリスクがあります。出血箇所を適切な処置で消毒、止血して、その部分は施術をスキップするようにしましょう。また、処置をしても止血できない場合は、施術によって出血が増大することがありますので、アプローチは中止します。

●筋痙攣

　足がつる（こむら返り）など、筋肉の痙攣が施術中に起こった場合の対処方法です。特に多い部位は下腿（ふくらはぎ）です。筋痙攣が起こるメカニズムとしては、その筋肉または周囲の筋肉や腱が許容範囲以上に伸張してしまったためといえます。

　主な原因は、筋肉疲労と栄養不足（水分、電解質など）です。他にも、激しい運動後の寒暖の差、普段と異なる動き、神経系の異常反射など、多くのことが原因として考えられます。

　対処方法としては、筋痙攣になった部分をストレッチする方法があります。しかし、元々が過度な伸張によって起こるメカニズムですので、クライアントが脱力した状態にもっていけるなら、逆の筋肉に収縮の動きをつけることで対処できます。

筋肉には求心性の収縮（通常）と遠心性の収縮があり、たとえストレッチした状態であっても、力が入っていると遠心性の収縮となってしまい、筋肉に力が入った状態から抜け出せないことがあります。逆に、脱力している状態であれば、筋肉が収縮している状態でも柔らかくなる特性があります。例えば通常、腹筋を鍛える場合はお腹を縮めて力を入れますが、立位の状態でお腹を縮めても腹筋に全く力が入っておらず、柔らかい状態を確認できます。

要するに、施術者はクライアントの筋痙攣した部分の筋肉の起始と停止（または筋痙攣している部分を中心とした両サイド）を内側へ強制的に収縮させることで、瞬時に症状をおさめることができるのです。

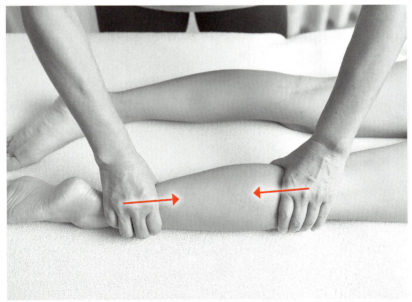

下腿（ふくらはぎ）の筋痙攣への対処例。筋肉を強制的に収縮させると症状がおさまる。

筋痙攣を放置しておくと、他の筋肉に伝達することもあります。心臓も筋肉であることから、大変リスクの高い症状なので十分に配慮しておきましょう。症状がおさまれば、注意しながら施術を継続していくことも可能です。ただし、クライアントの水分補給や体温調節には気をつけておいてください。

●震え

　筋痙攣に次いで激しい運動後に起こり得る症状として、震えがあります。これも原因としては筋痙攣とほぼ同じですが、症状が重い分、脱水状態であったり、クールダウンが上手くできずに内臓に重大な負担がかかっている場合も考えられます。人間は低体温になったり内臓に負担がかかると、臓器を守ろうとする本能が働いて全身の血液が内臓優先になるために、手足への血流が不足して震えが出てくることもあるのです。

　とにかく全身が震えているということは体温が下がっている状態なので、体温を上げていくことが重要です。室温を調節したり、野外であれば、タオルや衣類でクライアントの体を温めるようにしましょう。ちなみに、アイアンマンレースのケアでは、アルミホイル（サバイバルシート）で全身を覆って体温調節をします。アルミホイル(サバイバルシート)は外気を完全にシャットアウトして、内部で温度を保つ性質があるので重宝します。
　電解質不足をカバーするためにスポーツドリンクも積極的に摂取させ、様子を見ていきますが、震えが止まらない、症状が改善しない場合は施術を中止して、医師による適切な処置が必要となります。

●失神

アイアンマンレースなどの激しい運動後の選手の施術中、または高齢者へのアプローチでは、失神という状況になる可能性もゼロではありません。実際、私たちもスポーツの現場で選手が失神して施術を中止したことはあります。

しかし、突然このような状況になることは少なく、施術前から意識がはっきりしていなかったり、視点が合わない、一点だけを見つめている、まばたきが少ない、コミュニケーションが少ないなどのサインがいくつも出ています。

このようなクライアントに直面した場合には、本人がいくら大丈夫と言っていても、施術中は十二分に注意をして意識の確認を行ってください。特にうつ伏せ(Face Down)の施術中はクライアントの表情が確認しにくいので、定期的に話しかけたりして意識の確認が必要になります。失神状態になったら、直ちに医師によって適切な処置を行ってもらうようにしてください。

PNFストレッチの用語解説

　PNF スポーツオイルマッサージの施術のうち、PNF ストレッチをアプローチするうえで押さえておくべき技術用語をご説明しておきます。

●ファーストタッチ

　前項でご説明した通り、必ず求心性神経への刺激として、施術者からのタッチでスタートしてください。クライアント自身から動きが出る遠心性神経の流れを優先しないことがポイントです。この施術者によるタッチをファーストタッチと呼びます。

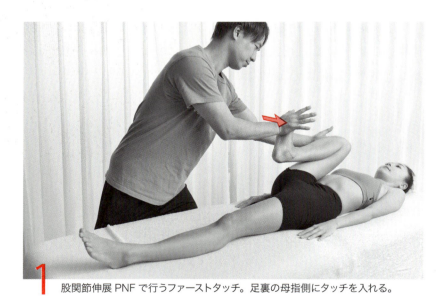

1 股関節伸展 PNF で行うファーストタッチ。足裏の母指側にタッチを入れる。

← 施術者の力の方向　　← 動作の軌跡

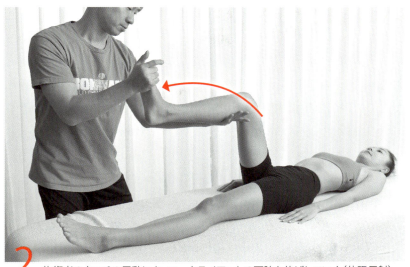

2 施術者のタッチの反動によって、クライアントの下肢を伸ばしていく（伸張反射）。

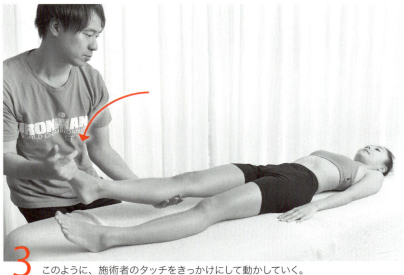

3 このように、施術者のタッチをきっかけにして動かしていく。

⬅ 施術者の力の方向　　⬅ 動作の軌跡

●コントラクトリラックス

　PNFスポーツオイルマッサージ中にアプローチする時の動作は、基本的に他動運動となります。他動運動とは、施術者がファーストタッチを入れた後、クライアントは完全脱力状態のまま施術者が対応する関節を動かしていくことです。タッチを入れることで、クライアントが反射的に動く分には問題ありません。

　そして、関節を動かしたら、必ず最初のポジションに戻すことがルールとなります。関節の動きは身体のアライメント（正しい位置関係）にそって行います。

　これをコントラクトリラックスと呼びます。

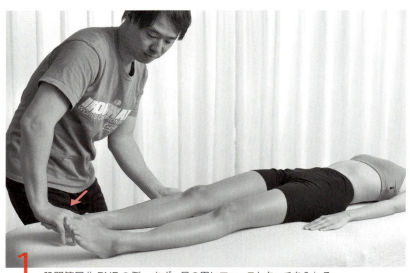

1　股関節屈曲PNFの例。まず、足の甲にファーストタッチを入れる。

⬅　施術者の力の方向　　⬅　動作の軌跡

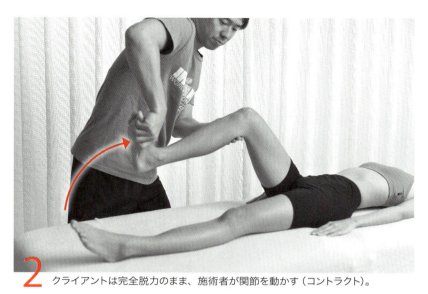

2 クライアントは完全脱力のまま、施術者が関節を動かす（コントラクト）。

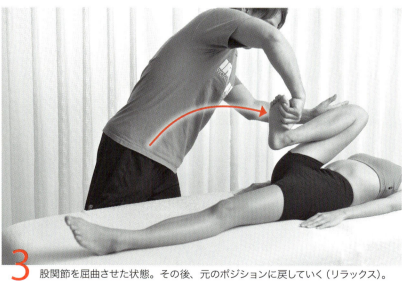

3 股関節を屈曲させた状態。その後、元のポジションに戻していく（リラックス）。

⬅ 施術者の力の方向　　⬅ 動作の軌跡

●マニュアルコンタクト

　また、ストレッチしている筋肉に対しては、筋肉の走行に合わせてオイルマッサージで流していく手技を行います。これによって、滞留している老廃物、疲労物質を除去し、リンパや血液の流れを促します。特に下半身に関しては、筋ポンプ作用（血液、リンパを心臓に送り込む動き）が低下している場合が多いので、下方向から股関節の方（鼠径リンパ節）へと流していきます。
　これをマニュアルコンタクトと呼びます。

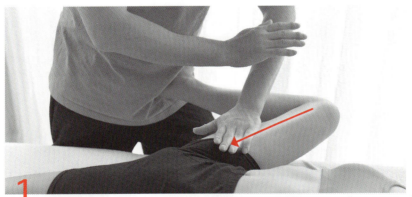

1　股関節内旋筋マニュアルコンタクトの例。膝付近から股関節のほうへ動かしていく。

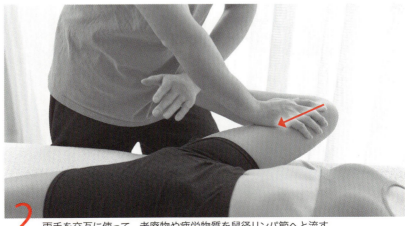

2　両手を交互に使って、老廃物や疲労物質を鼠径リンパ節へと流す。

実技編 ①

スポーツ オイルマッサージ

1. Face up（仰向け）― 下肢
   スポーツオイルマッサージ
2. Face up（仰向け）― 上肢
   スポーツオイルマッサージ
3. Face down（うつ伏せ）― 下肢
   スポーツオイルマッサージ
4. Face down（うつ伏せ）― 上肢
   スポーツオイルマッサージ

スポーツオイルマッサージを習得しよう！

　ここからは、実際に手技の流れを細かくご説明していきます。実技の構成や、効率よく習得するために念頭においておきたいことなど、あらかじめ前項をご確認のうえ、練習を進めていただくのがおすすめです。

　また、すべての工程を実施しなくとも、アプローチしたい部分にフォーカスした手技だけでも日頃のトリートメントや治療に活用できます。そのため、各手技ごとに最も効果のある症例も一緒にご紹介していきます。

　また、下肢および上肢における左側と右側に関して、どちらから施術をスタートすべきか？　という問題があります。その解答は、基本原則として健側からアプローチすべきだと考えます。理由としては、患側から行うと負担やリスクが大きいからです（健側とは問題がない側を意味します。例えば下肢でいうと、右脚の筋肉が硬くて疲れているなら、左脚が健側、右脚が患側となります）。

　健側の一連の手技の流れ（例えば、健側の「仰向け―下肢　スポーツオイルマッサージ」など）を終えてから、同様に患側を行います。

　各々のスポーツオイルマッサージの手技では、1手技あたり3ターン(往復)を基本回数としますが、クライアントの状況によって回数の増減をしても問題ありません。

　圧のかけ方は、腕の力や指の力だけの圧より、体重移動でかける圧が一番心地よく感じます。現場では多数のクライアント、アスリートを施術することが多いため、施術者自身の体を守るためにも、しっかりとしたフォームを身につけましょう。

正しいフォーム（姿勢）

フェンシングのフォームのように姿勢を正し、体重移動によって圧をかけていく。

猫背や体を捻った状態から腕の力で行ってしまうと、施術者の身体に負担が大きく、クライアントも心地が良くない。

1 Face up（仰向け）―下肢　スポーツオイルマッサージ

◉単体でも効果的な取り入れ方

- ■ Face down（うつ伏せ）体勢ができないクライアントへの下半身の施術。
- ■下肢のむくみ、セルライトの解消。
- ■膝関節の痛みの改善。
- ■股関節の痛みの改善。
- ■ラン（RUN）をはじめとした下肢を使う運動の練習期間中、競技後のケアなど。

＊Face up（仰向け）―下肢　PNFストレッチと合わせると、さらに効果的です。

> **Point**
> 下肢（脚）へのスポーツオイルマッサージは、遠位（下）から近位（上）に向かって行います。特に下肢は、重力や運動によって血液や老廃物、疲労物質が滞っています。それを鼠径リンパ節（股関節）のほうへ下から上に流すことによって、心臓へ戻して体外排出させ、循環を整えます。

01. 大腿部……ロッキング

脚先から大腿部のほうへ優しく揺らします。

この時、顔の表情を見て、意識はあるか、気分はどうか、などを観察します。施術前からリラックスさせながらコミュニケーションを取り、状態観察を行うとよいでしょう。

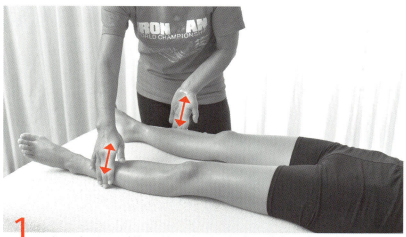

1 コミュニケーションを取ってリラックスさせながら、脚先から優しく揺らしていく。

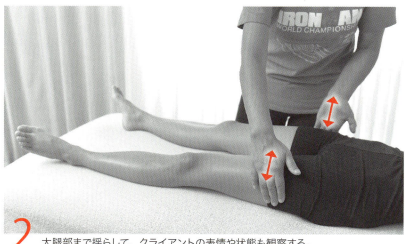

2 大腿部まで揺らして、クライアントの表情や状態も観察する。

02. 下肢（脚）全体……エフララージ

こんな効果も！ 高齢者や寝たきりの方への浮腫の軽減、予防。

次に、オイルを塗布して、下肢全体にエフララージを行います。

脚先から鼠径リンパ節（股関節）に向かい、心臓に流していきます。優しく脚の形に合わせて手を動かしていきます。施術を始める際のエフララージであり、3ターンで強弱をつけると良いでしょう。

- ■1回目…弱く（クライアントに体に触れることを知らせ、オイルを塗布する）。
- ■2回目…やや弱く（施術する部位にオイルを広げる）。
- ■3回目…やや強く（スポーツオイルマッサージの始まりの合図として体に知らせる）。

これを、脚の正面のライン、外側のライン、内側のラインの3本のラインに沿ってアプローチします（後の解説写真は、正面のラインの例です）。

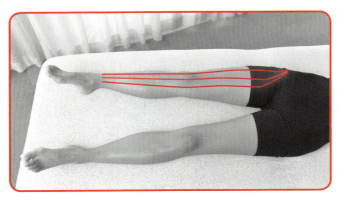

脚の3本のラインにアプローチする。

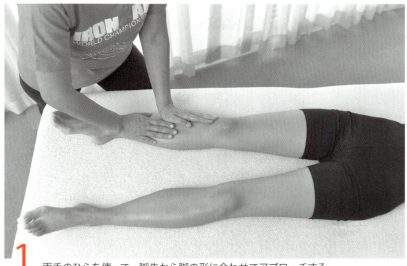

1 両手のひらを使って、脚先から脚の形に合わせてアプローチする。

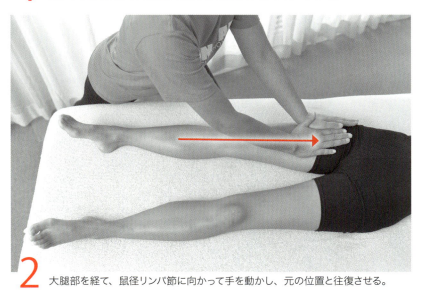

2 大腿部を経て、鼠径リンパ節に向かって手を動かし、元の位置と往復させる。

03. 大腿部……ニーディング

　大腿部に両手を置き、右、左と交互に体重を移動させながら、筋肉を揉みほぐしていきます。

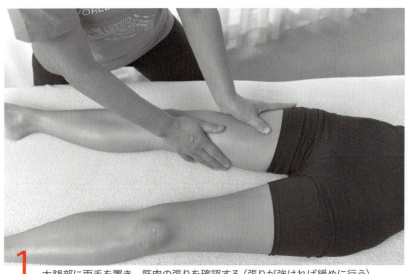

1 大腿部に両手を置き、筋肉の張りを確認する（張りが強ければ緩めに行う）。

この時、クライアントがどんな状況かによって、施術の圧を変える必要があります。筋肉の張りが強い場合は浅く、緩くします。逆に柔らかければ、ある程度深く圧をかけても大丈夫です。いずれにせよ、大きな筋肉の部位ではありますが慎重に行っていきましょう。

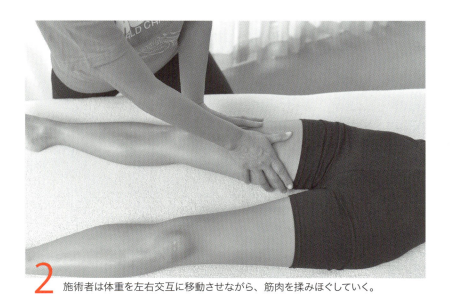

2 施術者は体重を左右交互に移動させながら、筋肉を揉みほぐしていく。

04. 大腿部・腸脛靭帯（ITバンド／Iliotibial tract）……スージング

腸脛靭帯（ITバンド）の位置を、しっかり確認しながらやりましょう。下から上へ手のひらで流していきます。

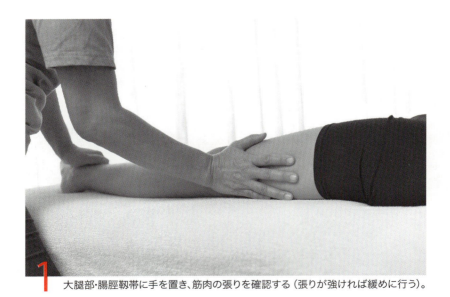

1 大腿部・腸脛靭帯に手を置き、筋肉の張りを確認する（張りが強ければ緩めに行う）。

筋肉の張りが強いクライアントの場合は刺激（痛みなど）を訴えるかもしれませんので、最初は浅く、緩く行ってください。日常生活の歩行、立位から、スポーツにおけるランまで、大腿部外側への負担は大きいので効果的な手技となります。

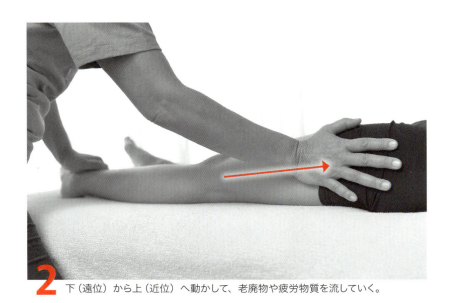

2 下（遠位）から上（近位）へ動かして、老廃物や疲労物質を流していく。

05. 大腿部内転筋群……リンギング

こんな効果も！ 大腿部の皮下脂肪、セルライト、老廃物の排出。

　内転筋群の筋肉をしっかり包み、老廃物を揉みだすように内側から大腿部の中心方向へと動かしていきます。

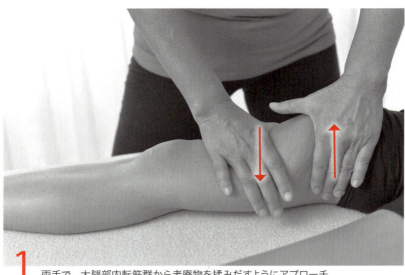

1　両手で、大腿部内転筋群から老廃物を揉みだすようにアプローチ。

バイク（自転車）、あるいは乗馬をやられる方などは、この内転筋群に大きな負担がかかっています。日常生活では外側への負担が大きく、内側は弱くなって皮下脂肪や老廃物を蓄積しやすい部位でもあるので、本手技で体外排出効果も高まります。

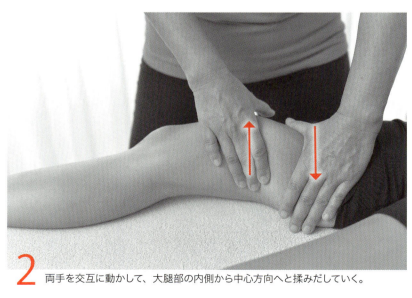

2　両手を交互に動かして、大腿部の内側から中心方向へと揉みだしていく。

06. 大腿部……リンギング

こんな効果も！　大腿部の皮下脂肪、セルライト、老廃物の排出。

次に、大腿部の筋肉を全体的に持ち上げるイメージで、リンギングしていきます。

前手技とスタイルは似ていますが、こちらは外側まで揉みほぐすようにアプローチします。

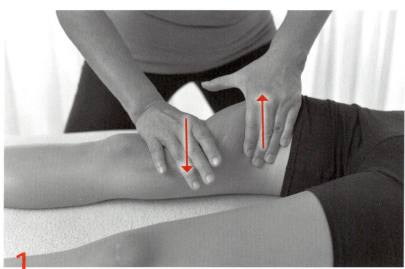

1　両手で、大腿部の筋肉全体を持ち上げるイメージでアプローチする。

施術者は指先だけで行うのでなく、手のひら全体で大腿部を持ち上げるようにリンギングしていきます。この際、腕の力だけではなく、腰を使って体全体で大腿部をつかみながら老廃物を絞りだすようなイメージを持つとよいでしょう。もちろん、リンギングも下（遠位）から上（近位）への動きが基本です。

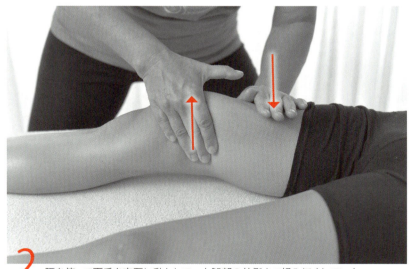

2　腰を使って両手を交互に動かして、大腿部の外側まで揉みほぐしていく。

07. 膝蓋骨周囲……スージング

こんな効果も！ 膝痛や変形性膝関節症の改善。

　膝蓋骨周囲にアプローチし、母指などを使ってスージングで流していきます。

　スポーツにおいても日常生活においても、膝関節周囲のトラブルは多くあります。老廃物が蓄積しやすい部分のため、この部分のケアを怠っていると各症状へとつながることがあります。

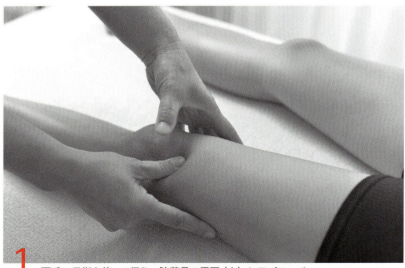

1 両手の母指を使って行う。膝蓋骨の周囲（上）にアプローチ。

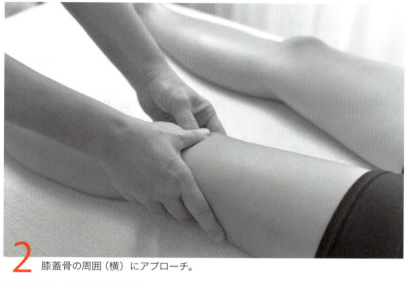

2 膝蓋骨の周囲（横）にアプローチ。

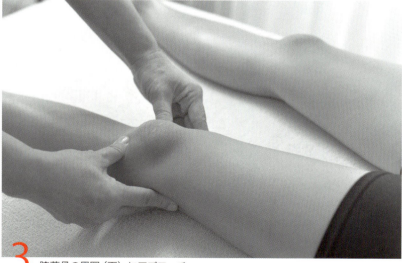

3 膝蓋骨の周囲（下）にアプローチ。

08. 膝関節内側……ニーディング

こんな効果も！ 膝痛や変形性膝関節症の改善。

次に、同じ膝関節の内側をニーディングで揉みほぐしていきます。
前手技と合わせてアプローチすることで、さらに膝関節周囲の老廃物を流していくことが可能になります。

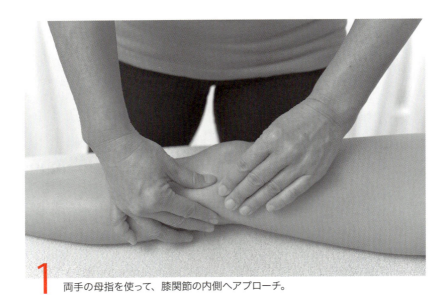

1 両手の母指を使って、膝関節の内側へアプローチ。

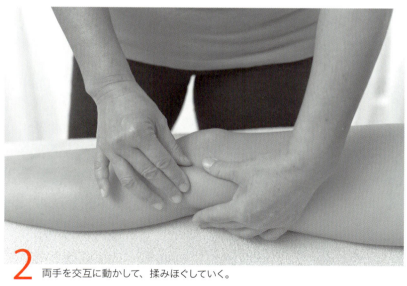

2 両手を交互に動かして、揉みほぐしていく。

09. 大腿直筋……オープンC

　オープンCは、その名の通り手を「C」の形に開いて、下（遠位）から上（近位）へと鼠径リンパ節（股関節）のほうへ流すのをメインにアプローチしていきます。
　これまでの手技で老廃物が流れやすくなっているので、一気に流していくものです。上から下へは軽く戻すニュアンスとなります。

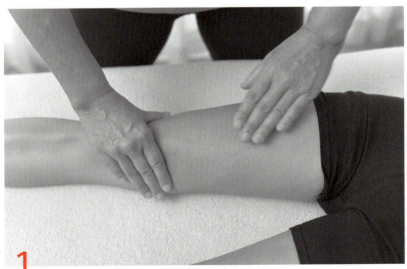

1 手を「C」の形に開いて、大腿直筋にアプローチする。

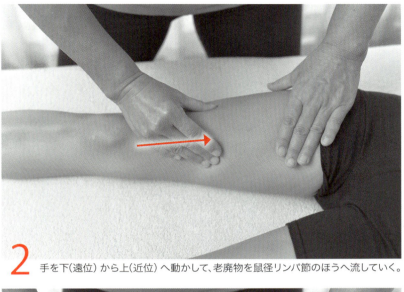

2 手を下(遠位)から上(近位)へ動かして、老廃物を鼠径リンパ節のほうへ流していく。

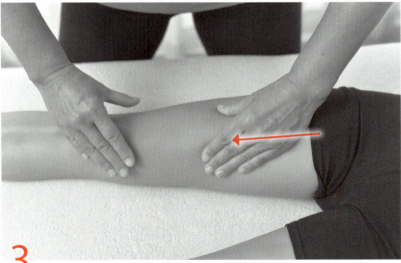

3 上から下へ戻すときは、軽く行う。

10. 下腿部……オープンC

同じくオープンCで、そのまま下腿部へと移行していきます。

膝から下の部位にも老廃物はもちろん蓄積されていますので、これも下（遠位）から上（近位）への流れを強くして行ってください。

また、下腿部の外側は大腿部と同じく、日常生活、スポーツにおいて大きな負担がかかって硬くなっている部分です。そのため、前脛骨筋に母指を深く入れてほぐすことも同時にできます。

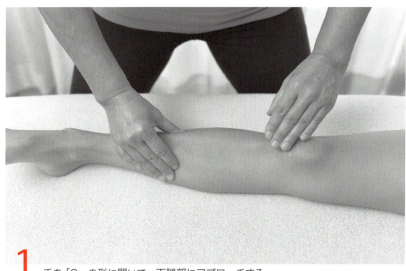

1 手を「C」の形に開いて、下腿部にアプローチする。

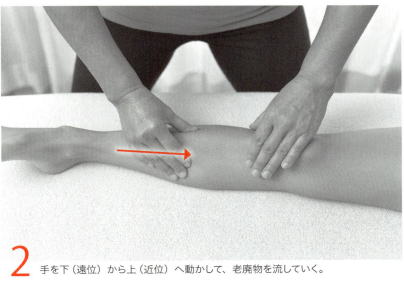

2 手を下(遠位)から上(近位)へ動かして、老廃物を流していく。

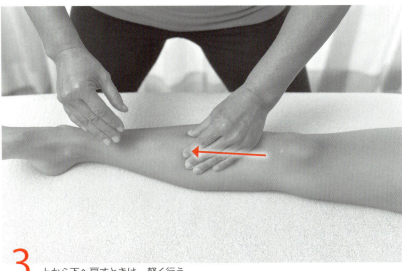

3 上から下へ戻すときは、軽く行う。

11. 下肢（脚）全体……エフララージ

脚全体の老廃物を下（遠位）から上（近位）へと流していく手技として、再度エフララージをします。

すでにこれまでの工程で血液やリンパの循環が良くなっている状態です。そこからのエフララージは、スポーツオイルマッサージの締めくくりです。3ターンで強弱をつけると良いでしょう。

- ■1回目…強く（老廃物をしっかりと流す）。
- ■2回目…やや強く（さらに丁寧に流す）。
- ■3回目…弱く（鎮静化）。

これを、脚の正面のライン、外側のライン、内側のラインの3本のラインに沿ってアプローチします（後の解説写真は、正面のラインの例です）。

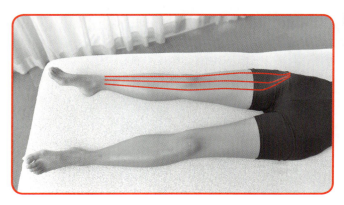

脚の3本のラインにアプローチする。

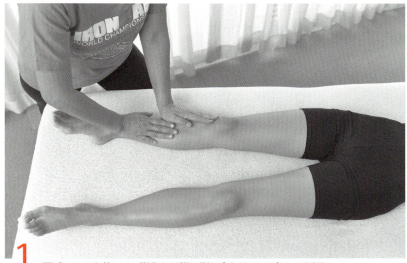

1 両手のひらを使って、脚先から脚の形に合わせてアプローチする。

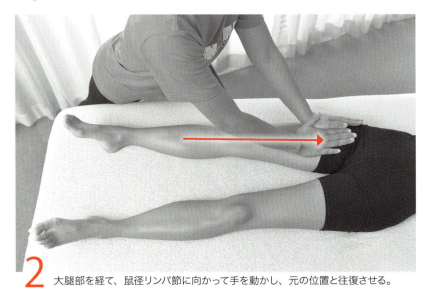

2 大腿部を経て、鼠径リンパ節に向かって手を動かし、元の位置と往復させる。

＊PNFストレッチをつなげていく場合は、PNFストレッチ後にこのエフララージで締めくくります。

＊以上の一連の施術を、反対の脚も同様に行います。

COLUMN ❶

●疲労を除去する水分摂取方法

　日常生活においてもスポーツの最中においても、水分摂取は非常に大切です。日頃からクライアントのコンディションを整えていくためにも、施術した後だけではなく、普段から以下のことを呼びかけてほしいと思います。

　疲労を溜めないようにするために、水分摂取は小まめに少量ずつが基本となります。スポーツ後であれば、10～15分おきに100～150cc程度を上限としてください。日常生活時に発汗や疲労がある場合、喉が渇いたと感じた時はすでに遅すぎるので、その前に一口、二口と摂取することをおすすめします。

　水分を摂る手段としては、体から失われたミネラル類なども補給でき、クエン酸など疲労物質の蓄積を抑える成分を含むスポーツドリングが最もおすすめです。好みのもので結構ですが、そのままだと糖分が高すぎるので、水で2～3倍程度に薄めるとカロリー過多を避けられます。

　また、飲み物が冷たすぎると胃腸に負担をかけ、一度に大量に摂取すると腎臓に負担をかけます。ただ単に摂取するだけでなく、温度や量にも十分配慮するようにクライアントに伝えておくことがポイントです。

Face up（仰向け）—上肢　スポーツオイルマッサージ

◉単体でも効果的な取り入れ方

- ■ Face down（うつ伏せ）体勢ができないクライアントへの上半身の施術。
- ■頭痛、眼精疲労の改善。
- ■頚部の痛みの改善。
- ■肩関節の痛みの改善。
- ■肘関節の痛みの改善。
- ■水泳、野球、テニスなど肩関節を酷使する運動の練習期間中、競技後のケアなど

＊Face up（仰向け）—上肢　PNFストレッチと合わせると、さらに効果的です。

上肢、即ち腕は、下肢と比較すると筋肉が小さくデリケートな部分が多いので、圧加減には注意してください。また、本項では頭部、頚部、胸部も合わせて解説しますが、これらの部位では左右全体を一緒にアプローチしていくことも多いのが特徴となります。

01.　頭部……スージング

こんな効果も！　頭痛、睡眠不足、眼精疲労の改善。

　まず、頭皮の緊張を緩めるために、爪を立てない状態で指先を当て、髪の生え際から頭頂部の方向へ全体的にスージングを行っていきます。両母指を支えとして頭に軽く当て、両手の四指で同時に行います。

　この頭部のスージングだけは、オイルを手に取らずにアプローチしてください。

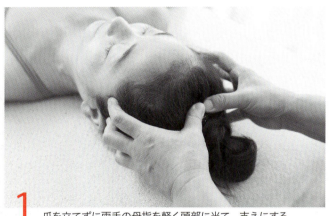

1 爪を立てずに両手の母指を軽く頭部に当て、支えにする。

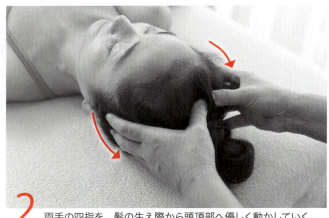

2 両手の四指を、髪の生え際から頭頂部へ優しく動かしていく。

02. 胸部上部（大胸筋）、頚部……エフララージ

次に、オイル塗布のために、エフララージで大胸筋の上部外側から肩関節周囲、僧帽筋上部を通り、頚部の下を流して後頭骨（頭部後ろ）まで一気にアプローチします。この時、胸骨（大胸筋付着部）に両手を置き、左右同時に動かしていきます。

1　オイルを手に取って、胸骨（大胸筋付着部）に両手を置く。

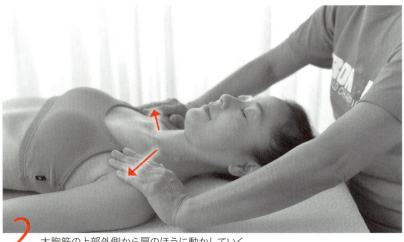

2　大胸筋の上部外側から肩のほうに動かしていく。

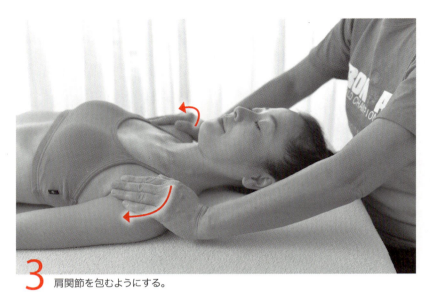

3 肩関節を包むようにする。

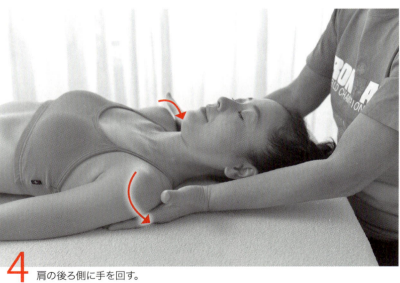

4 肩の後ろ側に手を回す。

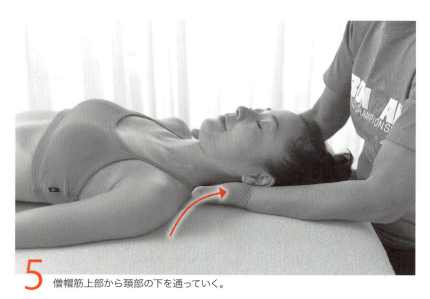

5 僧帽筋上部から頚部の下を通っていく。

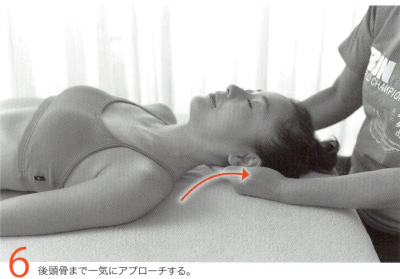

6 後頭骨まで一気にアプローチする。

03. 胸部肋間筋……フィンガーニーディング

こんな効果も！ 肩こり、猫背、浅い呼吸、胸郭出口症候群の改善。

　胸骨（大胸筋付着部）から外側へと、四指（人差し指〜小指）を立てて肋骨の間に入れ込み、大胸筋を広げるように流していきます。鎖骨下筋にも同時にアプローチできます。

　日常生活、スポーツにおいて、大胸筋は収縮状態で維持されることが多く、これが原因で肩関節が前側に引っ張られ、肩こりなどの原因になります。大胸筋の緊張を緩めるテクニックとして活用していきます。

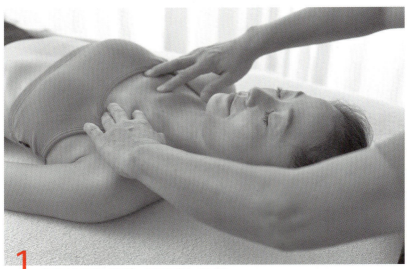

1 胸骨（大胸筋付着部）からアプローチする。

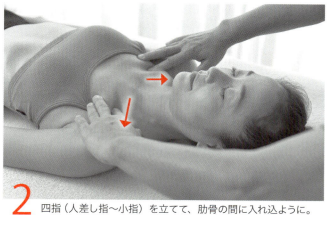

2 四指（人差し指〜小指）を立てて、肋骨の間に入れ込むように。

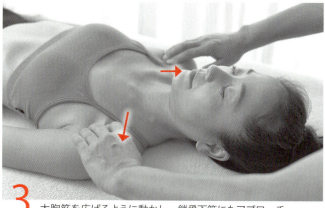

3 大胸筋を広げるように動かし、鎖骨下筋にもアプローチ。

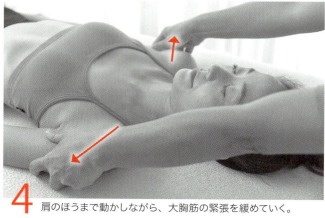

4 肩のほうまで動かしながら、大胸筋の緊張を緩めていく。

04. 僧帽筋……ニーディング

こんな効果も！ 肩こりの改善、僧帽筋の緊張を緩める。

　僧帽筋をしっかりつかみ、左右の手を交互にリズムよく動かしてほぐしていきましょう。

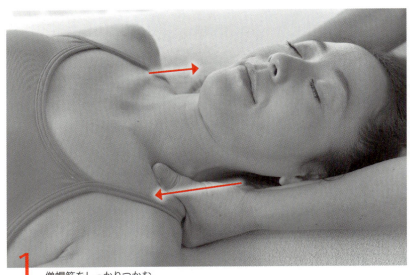

1 僧帽筋をしっかりつかむ。

デスクワークが中心の方は、僧帽筋が緊張した状態で固まっているケースが多いといえます。トライアスロンなどのバイク（自転車）競技でも、長距離の走行中終始同じ姿勢であるために、この部位が硬くなります。

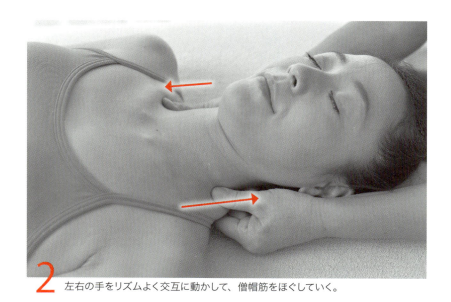

2 左右の手をリズムよく交互に動かして、僧帽筋をほぐしていく。

05. 頚部〜後頭部下部……ニーディング

こんな効果も！ 頚部の痛みやこり、頭痛の改善。

前手技の流れから頚部へと移行していき、首の付け根と後頭部のほうまでニーディングで揉みほぐしていきます。これも左右交互（同時でも可）に、リズムよく下から上がっていきます。四指（人差し指〜小指）中心に、弧を描くようにアプローチしていくとスムーズに動かせます。

1 首の付け根と後頭部を揉みほぐしていくアプローチ。

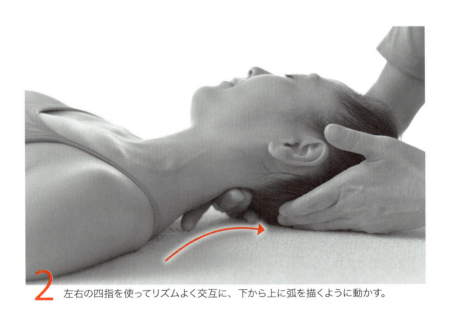

2 左右の四指を使ってリズムよく交互に、下から上に弧を描くように動かす。

06. 頸部……エフララージ&ストレッチ

　前手技のアプローチで体液の循環が良くなっている状態で、頸部を左右一方ずつ、軽く側屈のストレッチをかけながらエフララージで流していきます。耳の下あたりから鎖骨のほうへ流すことで、リンパ液は心臓へと戻っていくので、より効果的です。

　老廃物は、頸部や顔面などにも蓄積しやすいのが特徴です。

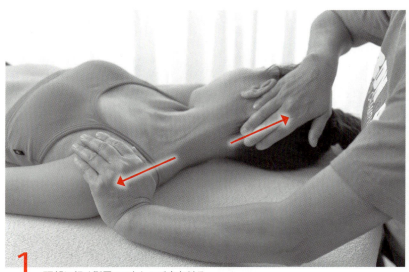

1 頸部に軽く側屈のストレッチをかける。

2 耳の下あたりからアプローチする。

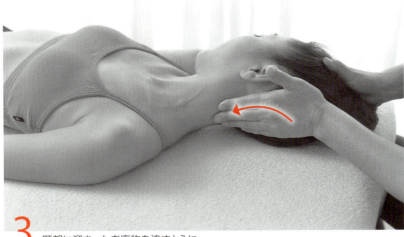

3 頚部に溜まった老廃物を流すように。

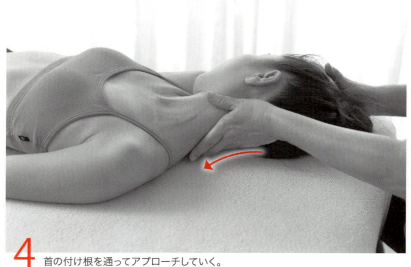

4 首の付け根を通ってアプローチしていく。

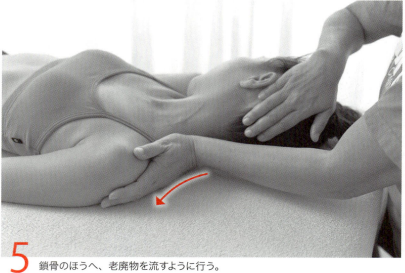

5 鎖骨のほうへ、老廃物を流すように行う。

07. 上肢（腕）全体……エフララージ

　上肢の始めに、健側（問題のない側）の腕全体を、オイル塗布のためにエフララージしていきます。

　上肢は下肢と比較すると直径も短いので、腕の表裏全体をこのアプローチで塗りこめるようにしておきます。

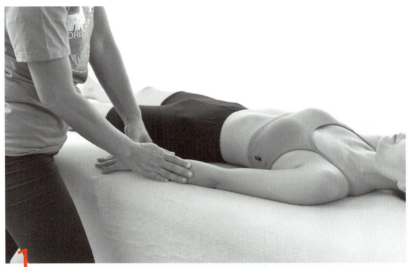

1 オイルを手に取って、上肢（腕）の外側を下（遠位）のほうからアプローチ。

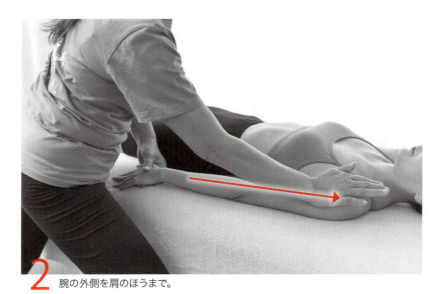

2 腕の外側を肩のほうまで。

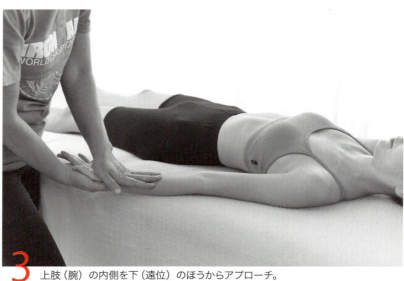

3 上肢(腕)の内側を下(遠位)のほうからアプローチ。

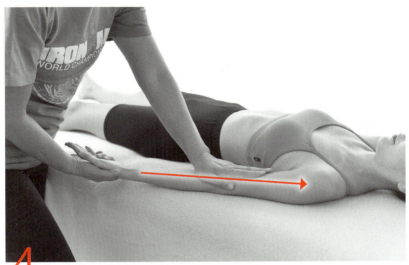

4 腕の内側、上腕を通っていく。

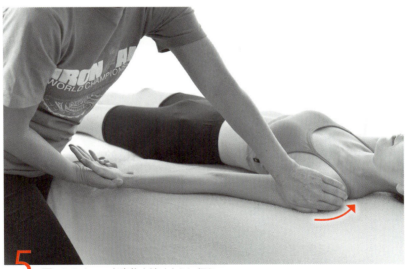

5 肩のほうまで、老廃物を流すように行う。

08. 上肢（腕）全体……ニーディング

こんな効果も！ 肩こり、腱鞘炎などの改善。

　エフララージが完了したら、上腕二頭筋から前腕筋にかけて、ニーディングでほぐしていきます。

　肩こりに伴って、腕全体の筋肉が硬くなっている方は意外と多くいらっしゃいます。腕を使うスポーツ全般にも活用できます。

　施術者は母指を中心に、丁寧にアプローチしていきましょう。肩周りに違和感のある方は、三角筋も丁寧にほぐすと良いでしょう。

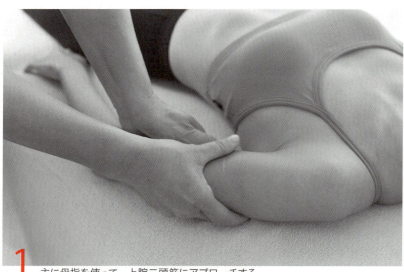

1 主に母指を使って、上腕二頭筋にアプローチする。

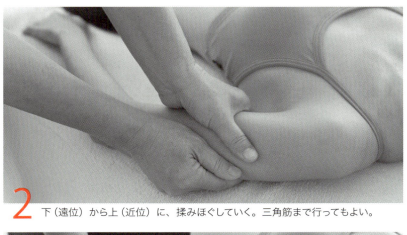

2 下(遠位)から上(近位)に、揉みほぐしていく。三角筋まで行ってもよい。

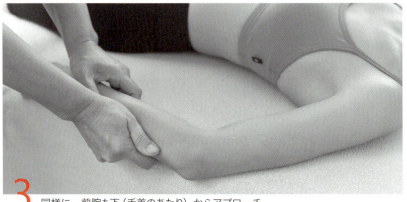

3 同様に、前腕も下(手首のあたり)からアプローチ。

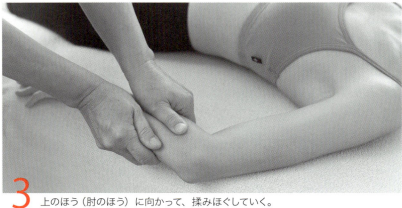

3 上のほう(肘のほう)に向かって、揉みほぐしていく。

09. 上腕三頭筋……ニーディング

こんな効果も！ 肘関節の痛み、野球肘、テニス肘、ゴルフ肘の改善。

次に、クライアントの肩を上げていき、肘を曲げることで上腕三頭筋へ軽いストレッチをかけた状態で、クライアントの手を施術者の大腿部とベッドで固定して、ニーディングを行います。

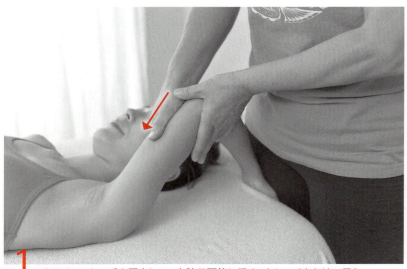

1　クライアントの手を固定して、上腕三頭筋に軽くストレッチをかけて行う。

日常生活では使用頻度の低い筋肉ではありますが、スポーツでは投球、水泳（クロール）、バイク（自転車）などで、ランにおいても腕を引く動作で負担がかかっています。

　　＊ストレッチをかける時は、適正な可動域で止めるように注意してください。

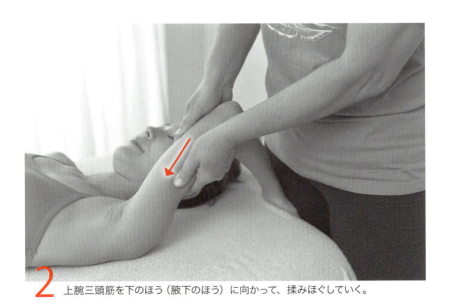

2　上腕三頭筋を下のほう（腋下のほう）に向かって、揉みほぐしていく。

10. 肘関節周囲、屈筋・伸筋……ニーディング

こんな効果も！ 肘関節の痛み、野球肘、テニス肘、ゴルフ肘の改善。

　前手技から上肢（腕）を元の位置に戻す前に、肘関節が少し曲がった状態で内側を少し緩ませ、施術者の腹部で押さえて、肘関節周囲の筋肉をほぐしていきます。

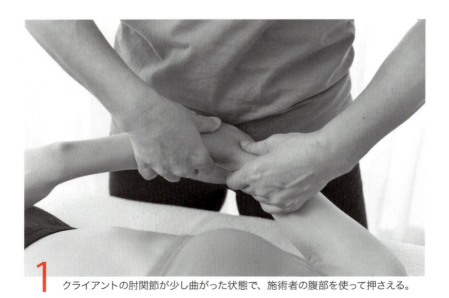

1 クライアントの肘関節が少し曲がった状態で、施術者の腹部を使って押さえる。

非常に小さい筋肉群ではありますが、肘関節には有効なアプローチとなります。

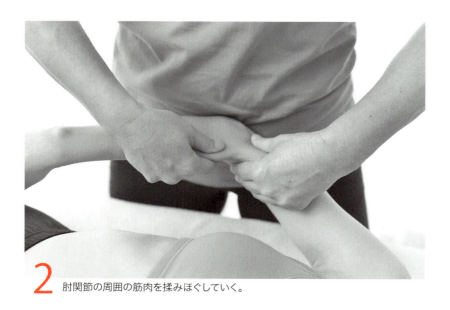

2 肘関節の周囲の筋肉を揉みほぐしていく。

11. 前腕……ニーディング

こんな効果も！ 肩こり、腱鞘炎などの改善。

再度、ニーディングを行いますが、ここでは前腕（伸筋群）にフォーカスして行います。最初のニーディングよりも、深く丁寧に進めます。前腕、手首周辺の筋肉をほぐすことで、デスクワークなどによる腱鞘炎の改善、予防などにも大きな効果を発揮できます。

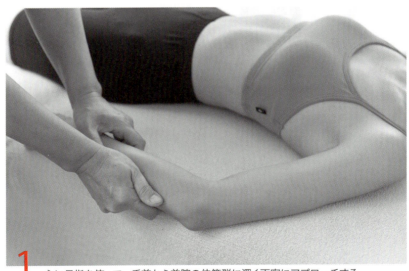

1 主に母指を使って、手首から前腕の伸筋群に深く丁寧にアプローチする。

実技編 ❶

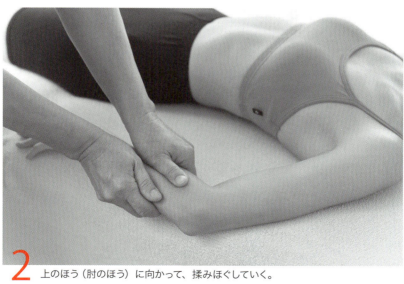

2 上のほう（肘のほう）に向かって、揉みほぐしていく。

12. 上肢（腕）全体……エフララージ

腕全体の老廃物を流していく手技として、再度、エフララージを行います。すでにこれまでの工程で血液やリンパの循環が良くなっている状態です。そこからのエフララージは、スポーツマッサージの締めくくりです。

＊PNF ストレッチをつなげていく場合は、PNF ストレッチ後にこのエフララージで締めくくります。
＊以上の一連の施術を、反対の腕も同様に行います。

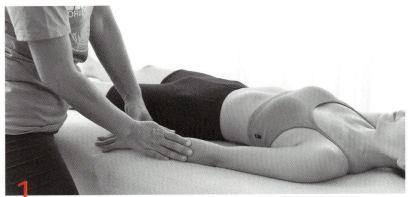

1　上肢（腕）の外側を下（遠位）のほうからアプローチ。

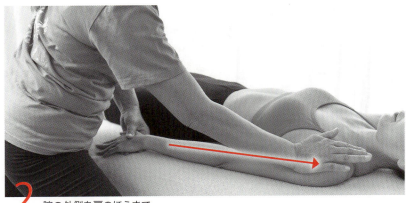

2　腕の外側を肩のほうまで。

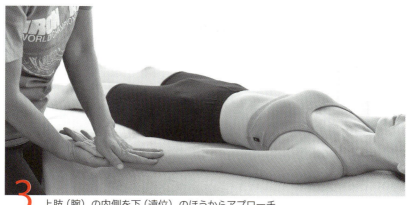

3 上肢（腕）の内側を下（遠位）のほうからアプローチ。

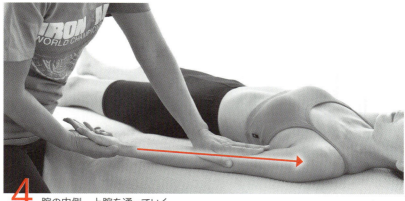

4 腕の内側、上腕を通っていく。

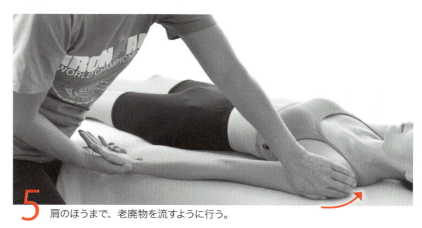

5 肩のほうまで、老廃物を流すように行う。

3 Face down（うつ伏せ）―下肢　スポーツオイルマッサージ

●単体でも効果的な取り入れ方

- ■ Face up（仰向け）体勢ができないクライアントへの下半身の施術。
- ■下肢のむくみ、セルライトの解消。
- ■膝関節の痛みの改善。
- ■股関節の痛みの改善。
- ■ラン（RUN）をはじめとした下肢を使う運動の練習期間中、競技後のケアなど。

＊Face up（仰向け）―下肢　スポーツオイルマッサージと合わせると、さらに効果的です。
＊Face up（仰向け）& down（うつ伏せ）―下肢　PNFストレッチと合わせると、非常に効果的です。

Point　下肢（脚）へのスポーツオイルマッサージは、遠位（下）から近位（上）に向かって行います。特に下肢は、重力や運動によって血液や老廃物、疲労物質が滞っています。それを鼠径リンパ節（股関節）のほうへ下から上に流すことによって、心臓へ戻して体外排出させ、循環を整えます。

01. 下肢(脚)全体……エフララージ

こんな効果も！ 高齢者や寝たきりの方への浮腫の軽減、予防。

オイル塗布として、下肢全体にエフララージを行います。

アキレス腱から臀部に向かい、心臓に流していきます。脚の形に合わせて優しく手を動かしていきます。施術を始める際のエフララージであり、3ターンで強弱をつけると良いでしょう。

- ■1回目…弱く（クライアントに体に触れることを知らせ、オイルを塗布する）。
- ■2回目…やや弱く（施術する部位にオイルを広げる）。
- ■3回目…やや強く（スポーツオイルマッサージの始まりの合図として体に知らせる）。

これを、脚の後ろ側の正面のライン、外側のライン、内側のラインの3本のラインに沿ってアプローチします（後の解説写真は、正面のラインの例です）。

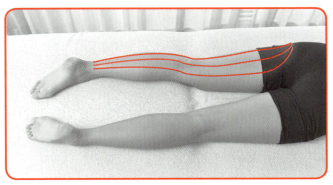

脚の後ろ側の3本のラインにアプローチする。

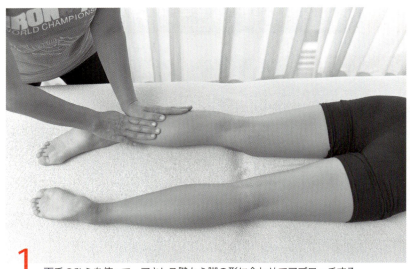

1 両手のひらを使って、アキレス腱から脚の形に合わせてアプローチする。

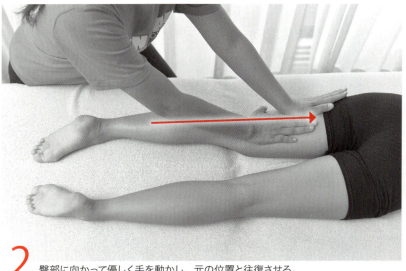

2 臀部に向かって優しく手を動かし、元の位置と往復させる。

＊うつ伏せになってしばらくしてから、クライアントの気分はどうかなど、状況も確認します。

02. 大腿部……ニーディング

　仰向けの時と同様、大腿部に両手を置き、右、左と交互に体重を移動させながら、筋肉を揉みほぐしていきます。

　この時、クライアントがどんな状況かによって、施術の圧を変える必要があります。筋肉の張りが強い場合は浅く、緩くします。逆に柔らかければ、ある程度深く圧をかけても大丈夫です。いずれにせよ、大きな筋肉の部位ではありますが慎重に行っていきましょう。

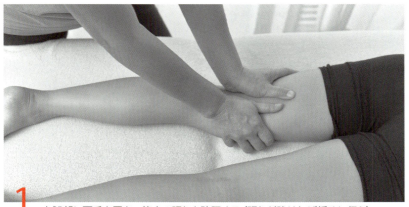

1　大腿部に両手を置き、筋肉の張りを確認する（張りが強ければ緩めに行う）。

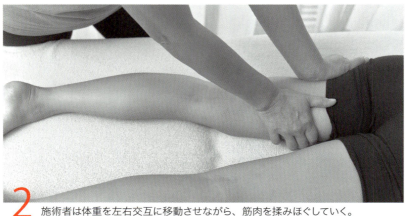

2　施術者は体重を左右交互に移動させながら、筋肉を揉みほぐしていく。

03.　大腿部・腸脛靭帯（ITバンド／Iliotibial tract）……スージング

　腸脛靭帯（ITバンド）の位置を、しっかり確認しながらやりましょう。下から上へ手のひらで流していきます。

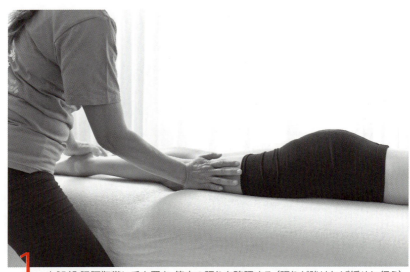

1　大腿部・腸脛靭帯に手を置き、筋肉の張りを確認する（張りが強ければ緩めに行う）。

筋肉の張りが強いクライアントの場合は刺激（痛みなど）を訴えるかもしれませんので、最初は浅く、緩く行ってください。日常生活の歩行、立位から、スポーツにおけるランまで、大腿部外側への負担は大きいので効果的な手技となります。

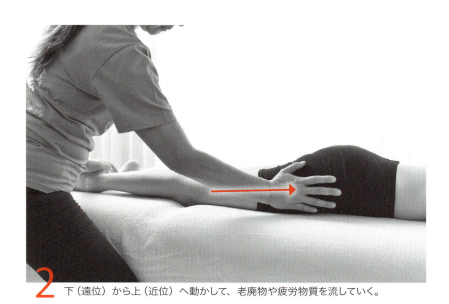

2　下（遠位）から上（近位）へ動かして、老廃物や疲労物質を流していく。

04. 大腿部……リンギング

こんな効果も！ 大腿部の皮下脂肪、セルライト、老廃物の排出。

大腿部の筋肉を全体的に持ち上げるイメージで、リンギングしていきます。外側まで、全体を揉みほぐすようにアプローチします。手のひら全体で

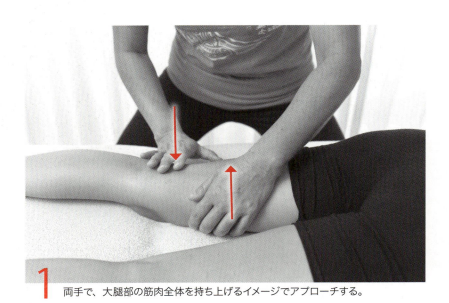

1 両手で、大腿部の筋肉全体を持ち上げるイメージでアプローチする。

大腿部を持ち上げるように、リンギングしていきます。この際、腕の力だけではなく、腰を使って体全体で大腿部をつかみながら、老廃物を絞りだすようなイメージを持つとよいでしょう。

　リンギングも、下（遠位）から上（近位）への動きが基本です。

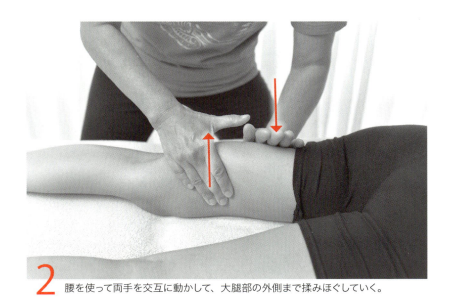

2　腰を使って両手を交互に動かして、大腿部の外側まで揉みほぐしていく。

05. 膝窩……ニーディング

こんな効果も！ 膝痛や変形性膝関節症の改善。

　リンギングからの流れで、膝裏へと移行していきます。母指を中心に、ソフトに円を描くようにニーディングしていきます。

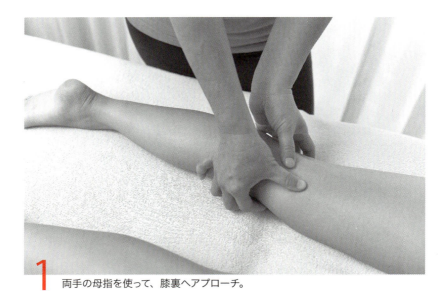

1 両手の母指を使って、膝裏へアプローチ。

膝裏は、リンパ節、動脈が直下にあるため、刺激が強すぎないよう圧に注意します。

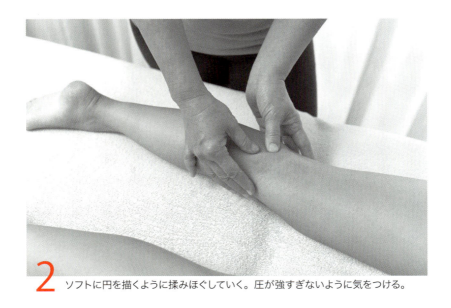

2 ソフトに円を描くように揉みほぐしていく。圧が強すぎないように気をつける。

06. 腓腹筋……ニーディング

こんな効果も！ 下腿部の皮下脂肪、セルライトの軽減、むくみの改善。

　膝から下腿部の大きな筋肉として、腓腹筋にアプローチしていきます。手のひらで腓腹筋を包むようにし、母指中心にニーディングでほぐします。指先に力を入れすぎると筋痙攣を起こすことがあるので注意してください。

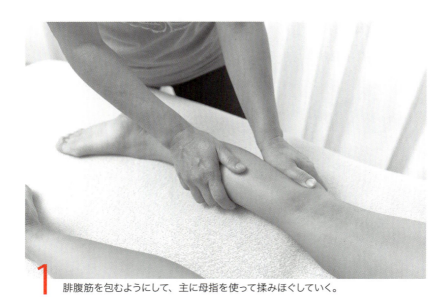

1 腓腹筋を包むようにして、主に母指を使って揉みほぐしていく。

腓腹筋は、ランなど下肢を使うスポーツにおいて、非常に負担のかかる部位です。

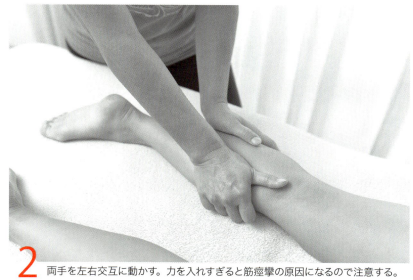

2　両手を左右交互に動かす。力を入れすぎると筋痙攣の原因になるので注意する。

07. 腓腹筋……リンギング

こんな効果も！ 下腿部の皮下脂肪、セルライトの軽減、むくみの改善。

　同じく、腓腹筋全体をリンギングで絞るように揉みほぐしていきます。これも基本は、下（遠位）から上（近位）へと流していってください。ニーディングと同様、指先に力が入りすぎると筋痙攣を起こすことがあるので注意してください。

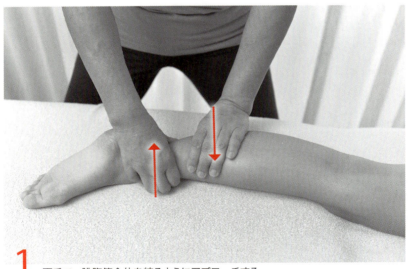

1 両手で、腓腹筋全体を絞るようにアプローチする。

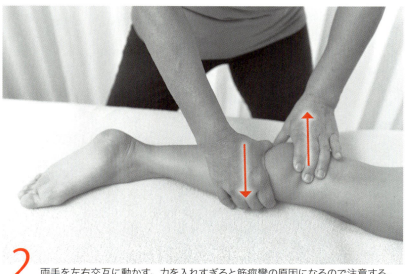

2 両手を左右交互に動かす。力を入れすぎると筋痙攣の原因になるので注意する。

08. 臀部……ナックル

　下肢の延長上として、緩く握って作ったナックル（拳）で、臀部の筋肉をほぐしていきます。

　坐骨神経痛があったり、大臀筋の拘縮が強いクライアントは、刺激が強くでることがあります。その場合は、スージングで流していくアプローチも可能です。

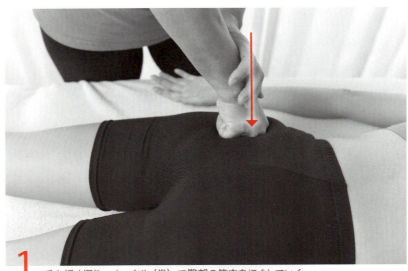

1 手を緩く握り、ナックル（拳）で臀部の筋肉をほぐしていく。

臀部の強張りは、腰部、下肢のあらゆるトラブルの原因の一つといわれます。丁寧にほぐすと良いでしょう。

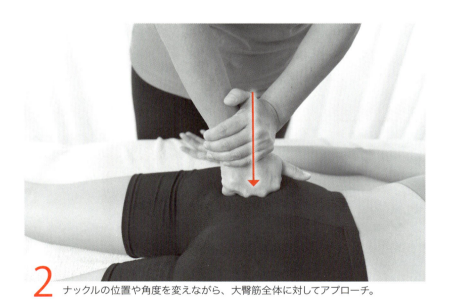

2 ナックルの位置や角度を変えながら、大臀筋全体に対してアプローチ。

09. 下肢（脚）全体……エフララージ

　脚全体の老廃物を下（遠位）から上（近位）へと流していく手技として、再度エフララージをします。

　すでにこれまでの工程で血液やリンパの循環が良くなっている状態です。そこからのエフララージは、スポーツオイルマッサージの締めくくりです。3ターンで強弱をつけると良いでしょう。

- ■1回目…強く（老廃物をしっかりと流す）。
- ■2回目…やや強く（さらに丁寧に流す）。
- ■3回目…弱く（鎮静化）。

　これを、脚の後ろ側の正面のライン、外側のライン、内側のラインの3本のラインに沿ってアプローチします（後の解説写真は、正面のラインの例です）。

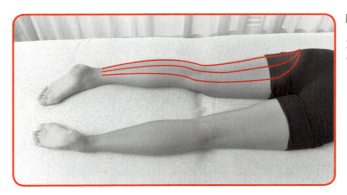

脚の後ろ側の3本のラインにアプローチする。

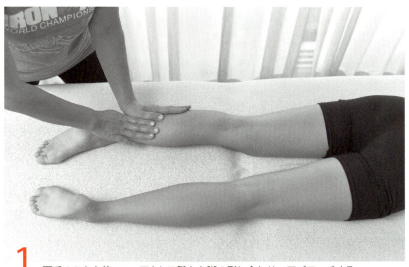

1 両手のひらを使って、アキレス腱から脚の形に合わせてアプローチする。

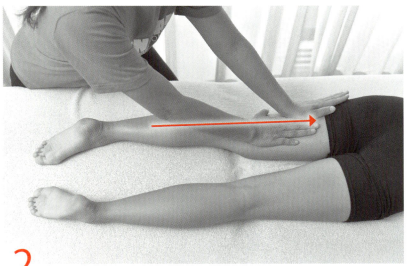

2 臀部に向かって優しく手を動かし、元の位置と往復させる。

＊PNFストレッチをつなげていく場合は、PNFストレッチ後にこのエフララージで締めくくります。
＊以上の一連の施術を、反対の脚も同様に行います。

COLUMN ❷

●海外のスポーツ選手への施術で使えるワンポイント英会話

　私たちは、海外のスポーツ現場で外国人選手に対しても施術を行っております。そのような場面で、すぐに使える簡単なワンポイント英会話も少しご紹介しておきます。

　英語の表現の仕方も様々ありますので、あくまでも一例として捉えてください。最終的には笑顔と気持ちが大切です。

1. こんにちは！　おめでとうございます！
   Hello! Congratulation!
2. 私は日本から来た〇〇〇です。よろしくお願いします。
   I'm 〇〇〇 from Japan. Nice to meet you.
3. あなたのお名前を教えてください。どこからお越しですか？
   Can I have your name? Where are you from?
4. 気分はどうですか？
   How are you feeling?
5. 体に痛みやひどい日焼けはありますか？
   Do you feel any pain or terrible sunburn in your body, anywhere?
6. 顔を上に向けて、仰向けにベッドに寝てください。
   Can you lay on your back on the bed & face up, please.
7. ストレッチをしていきます。
   I'm doing stretching.
8. マッサージは強くないですか？
   Is the massage not strong?
9. リラックスしてください。
   Please relax.
10. 顔を下向きに、うつ伏せになってください。
    Can you lay on your stomach & face down, please. (or Turn over, please.)
11. 大丈夫ですか？
    Are you OK? / Are you all right?
12. では、これで終わります。ありがとう！
    That's all. Finished. Thank you!

Face down（うつ伏せ）―上肢　スポーツオイルマッサージ

●単体でも効果的な取り入れ方

- ■ Face up（仰向け）体勢ができないクライアントへの上半身の施術。
- ■頭痛、眼精疲労の改善。
- ■頚部の痛みの改善。
- ■肩関節の痛みの改善。
- ■肘関節の痛みの改善。
- ■腰痛、背部の痛みの改善。
- ■水泳、野球、テニスなど肩関節を酷使する運動の練習期間中、競技後のケアなど。
- ■ゴルフ、野球、テニスなど腰部を酷使する運動の練習期間中、競技後のケアなど。

＊Face up（仰向け）―上肢　スポーツオイルマッサージと合わせると、さらに効果的です。
＊Face up（仰向け）& down（うつ伏せ）―上肢　PNFストレッチと合わせると、非常に効果的です。

上肢、即ち腕は、下肢と比較すると筋肉が小さくデリケートな部分が多いので、圧加減には注意してください。また、本項では頭部、頚部、胸部も合わせて解説しますが、これらの部位では左右全体を一緒にアプローチしていくことも多いのが特徴となります。

01. 腰背部、肩部、頚部……エフララージ

　施術者はクライアントの頭のほうに立ち、エフララージで背中の上部から下部、腰部までオイルを塗布していきます。そこから、背中上部、肩関節周囲、上肢、僧帽筋上部を通り、頚部、後頭部の付け根まで、一気にアプローチします。この時、両手を左右同時に動かしていきます。

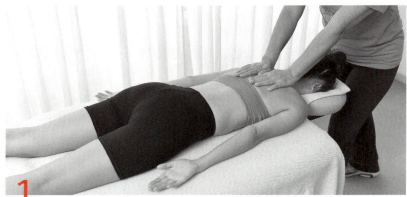

1 オイルを手に取って、背中の上部からアプローチする。

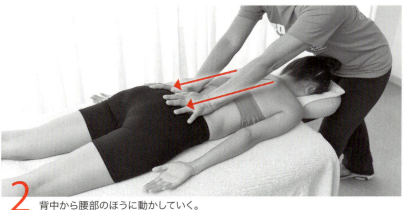

2 背中から腰部のほうに動かしていく。

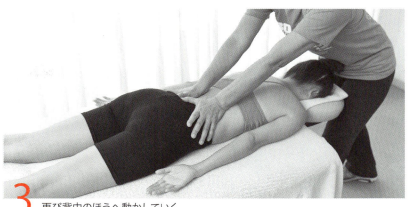

3 再び背中のほうへ動かしていく。

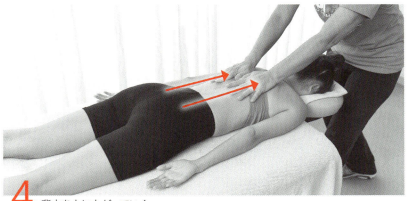

4 背中を上に上がっていく。

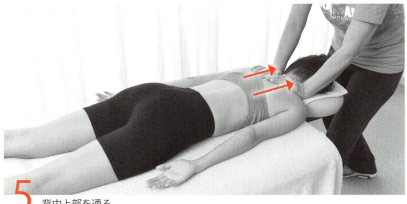

5 背中上部を通る。

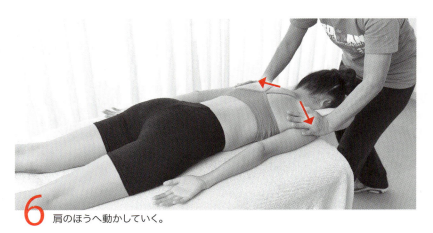

6 肩のほうへ動かしていく。

7 上肢（腕）の内側を通って、手首のほうまで。

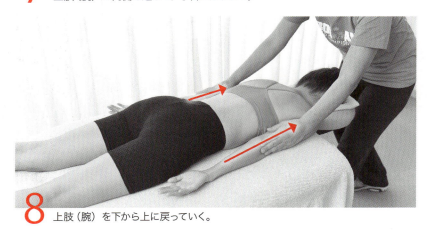

8 上肢（腕）を下から上に戻っていく。

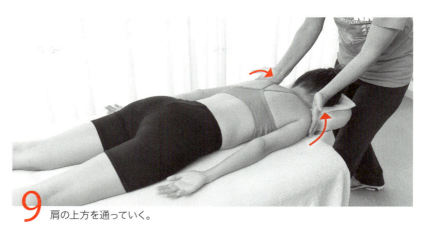

9　肩の上方を通っていく。

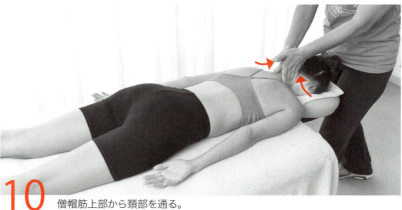

10　僧帽筋上部から頚部を通る。

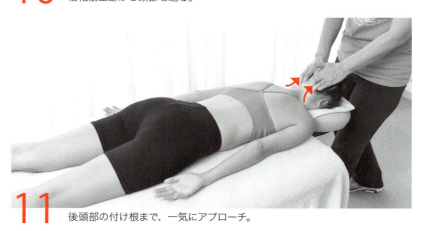

11　後頭部の付け根まで、一気にアプローチ。

02. 脊柱起立筋……フィンガーニーディング

こんな効果も！ 腰痛の改善。

　次に、左右の人差し指を重ねて脊柱の棘にあて、左の中指は左側脊柱の椎弓板を、右の中指は右側脊柱の椎弓板を意識して、脊柱の下部仙骨第一から上部の胸椎まで椎弓板溝をフィンガーニーディングでアプローチしていきます。

　「1、2、3」と3段階で深く入れて、少しずつ下から上がっていくように施術します。日常生活や激しいスポーツによって狭まった椎間板を、広げる効果もあります。

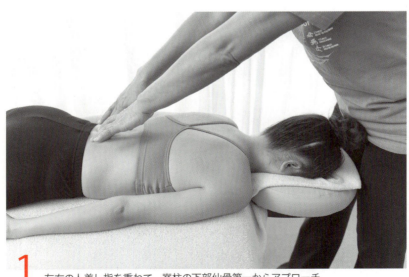

1 左右の人差し指を重ねて、脊柱の下部仙骨第一からアプローチ。

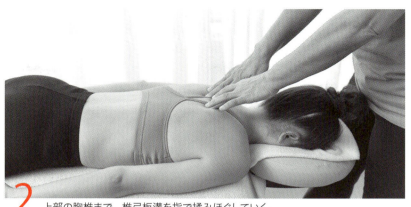

2 上部の胸椎まで、椎弓板溝を指で揉みほぐしていく。

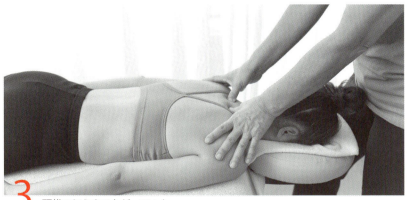

3 頚椎のほうまで上がっていく。

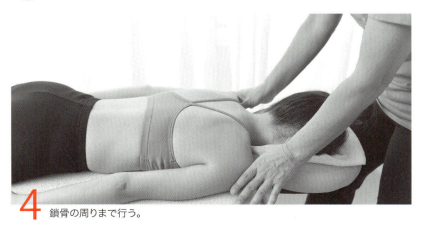

4 鎖骨の周りまで行う。

03. 腰方形筋（QL／Quadratus Lumborum）……ニーディング

こんな効果も！ 腰痛の改善。

　腰方形筋とは、背中下部、第12肋骨と腸骨の間にある腰部の要になる筋肉です。日常生活、スポーツによって引き起こされる腰痛にも効果的なアプローチになります。
　施術者は、左右の母指を使って丁寧に腰方形筋全体をほぐしていきます。

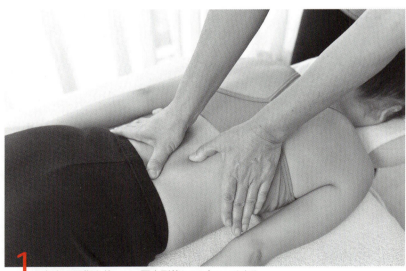

1 左右の母指を使って、腰方形筋にアプローチする。

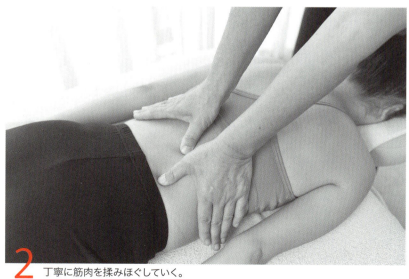

2 丁寧に筋肉を揉みほぐしていく。

04. 菱形筋……ニーディング&エフララージ

こんな効果も！ 肩関節の可動域低下（四十肩、五十肩）、肩こりの改善。

　この手技まで、施術者はできる限り、クライアントの頭のほうに立って施術を行います。
　肩甲骨の内側に付着している菱形筋は、肩甲骨の動きとも密接に関係しているので、肩関節にも影響を及ぼします。
　施術者は左右の母指で丁寧にニーディングしていき、リンパ節のある腋窩へエフララージで流していきます。この手技も、左右一緒に施術してください。

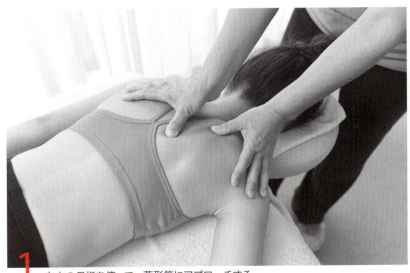

1 左右の母指を使って、菱形筋にアプローチする。

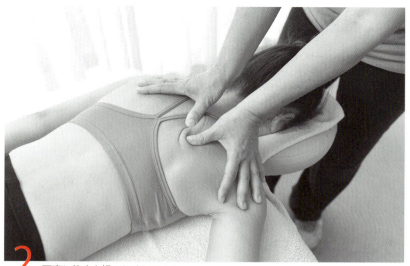

2 丁寧に筋肉を揉みほぐしていく。

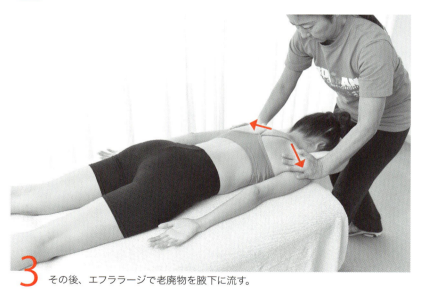

3 その後、エフララージで老廃物を腋下に流す。

05.　肩甲骨……スージング

こんな効果も！　肩関節の可動域低下（四十肩、五十肩）、肩こりの改善。

　次に、ベッドサイドに移動して、クライアントの肘を曲げながら背中側に回します。施術者は、ベッド側でない方の手でややクライアントの肘または

1　クライアントの肘を曲げて背中側に回し、手刀で肩甲骨にアプローチする。

肩関節を持ち上げて、肩甲骨を浮かび上がらせるようにします。
　施術者はベッド側のほうの手刀で、肩甲骨の内側をスージングで下から上へと滑らせていくようにアプローチします。

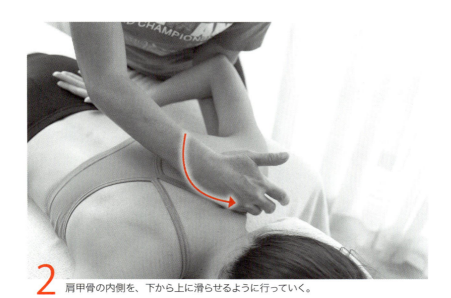

2　肩甲骨の内側を、下から上に滑らせるように行っていく。

06. 僧帽筋〜腰部……リンギング

　前手技からの流れで、クライアントの背中の反対側の肩から腰部にかけて、大きくリンギングで捻りを入れながら揉みほぐしていきます。

　腰部まで一度リンギング後、そのまま最初の位置である肩部のほうへとリンギングで戻っていきます。腰背部を一度に大きくアプローチするのに効果的な手技となります。

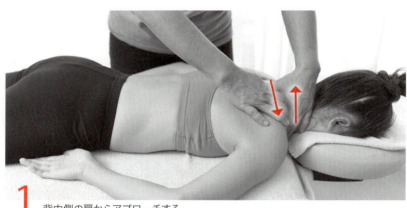

1 背中側の肩からアプローチする。

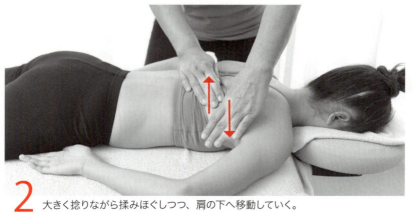

2 大きく捻りながら揉みほぐしつつ、肩の下へ移動していく。

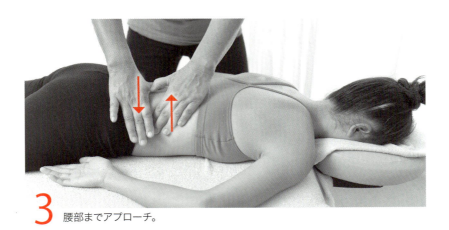

3 腰部までアプローチ。

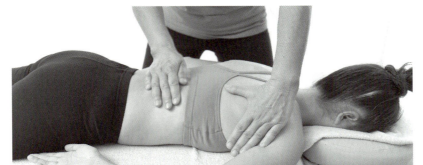

4 再び、肩部のほうへと戻っていき、腋下に老廃物を流す。

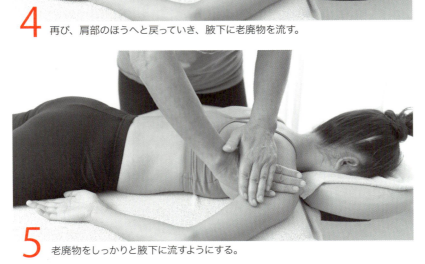

5 老廃物をしっかりと腋下に流すようにする。

07. 上肢（腕）全体……エフララージ

　健側（問題のない側）の腕全体を、始めにオイル塗布のためにエフララージしていきます。
　上肢は下肢と比較すると直径も短いので、腕の表裏全体をこのアプローチで塗りこめるようにしておきます。

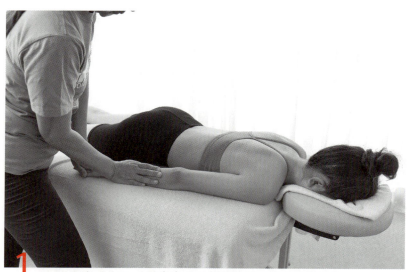

1 オイルを手に取って、上肢（腕）を下（遠位）のほうからアプローチ。

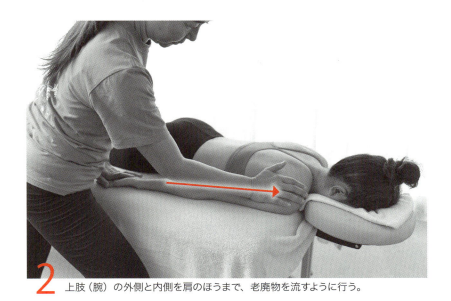

2 上肢（腕）の外側と内側を肩のほうまで、老廃物を流すように行う。

141

08. 上腕三頭筋……ニーディング

こんな効果も！ 肩こり、肩関節の可動域の改善。

エフララージが完了したら、上腕三頭筋を中心にニーディングでほぐしていきます。

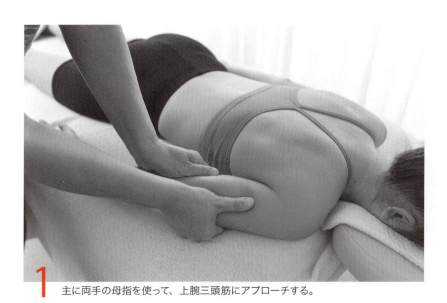

1 主に両手の母指を使って、上腕三頭筋にアプローチする。

日常生活では使用頻度の低い筋肉ではありますが、スポーツでは投球、水泳（クロール）、バイク（自転車）などで、ランにおいても腕を引く動作で負担がかかっています。

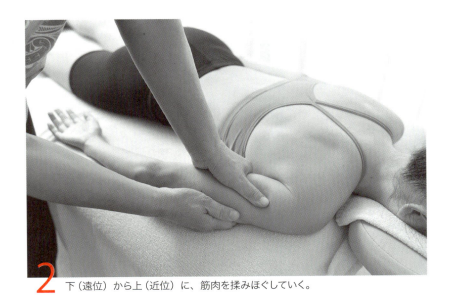

2 下（遠位）から上（近位）に、筋肉を揉みほぐしていく。

09. 前腕……ニーディング

こんな効果も！ 腱鞘炎の改善、予防。

　前腕にフォーカスしたニーディングを行います。Face up（仰向け）のニーディングよりも内側にある屈筋群を中心に深く丁寧に進めていきます。
　手首周辺の筋肉をほぐすことで、デスクワークなどによる腱鞘炎の改善、予防などにも大きな効果を発揮できます。

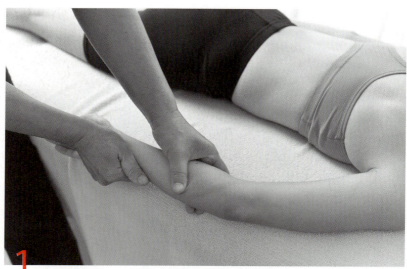

1 主に母指を使って、手首から前腕の屈筋群に深く丁寧にアプローチする。

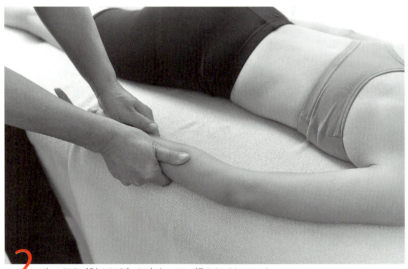

2 上のほう（肘のほう）に向かって、揉みほぐしていく。

10. 手のひら……フィンガーストローク

こんな効果も！ 腱鞘炎の改善、予防。

クライアントはうつ伏せの状態のため、手のひらが上を向いています。手のひらの屈筋群は、日常生活でも各種スポーツにおいても、力が入っていることが多い部位です。

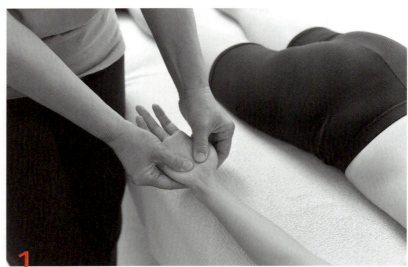

1　左右の母指を使って、手のひらの屈筋群に丁寧にアプローチする。

特にグリップを握る動作として、バイク（自転車）、野球、ゴルフ、テニスなどの競技後は、非常に筋肉が張っています。

　施術者は、左右の母指を使ってクライアントの手のひらを丁寧にほぐし、できれば指先までアプローチしていきましょう。

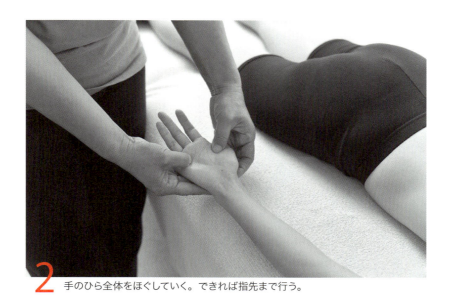

2　手のひら全体をほぐしていく。できれば指先まで行う。

11. 上肢（腕）全体……エフララージ

腕全体の老廃物を流していく手技として、再度、エフララージを行います。すでにこれまでの工程で血液やリンパの循環が良くなっている状態です。そこからのエフララージは、スポーツマッサージの締めくくりです。

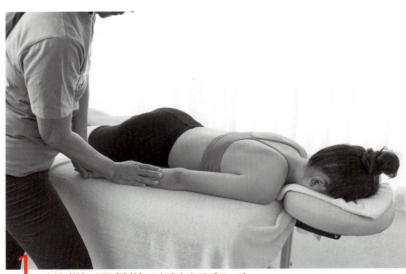

1 上肢（腕）を下（遠位）のほうからアプローチ。

＊PNF ストレッチをつなげていく場合は、PNF ストレッチ後にこのエフララージを行います。
＊以上の一連の施術を、反対の腕も同様に行います。

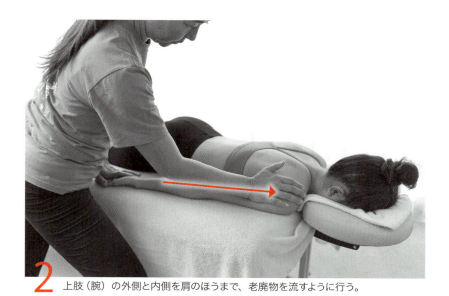

2 上肢（腕）の外側と内側を肩のほうまで、老廃物を流すように行う。

12. 背中全体……フェザータッチ

　PNFストレッチをつなげた場合も含め、本手技の最後として、全身の神経鎮静化を図るべく、施術者の両手の指先を使って、背中全体に柔らかくタッチを入れていきます。
　手首を軽く動かすようにして、筋肉ではなく表皮にフォーカスします。

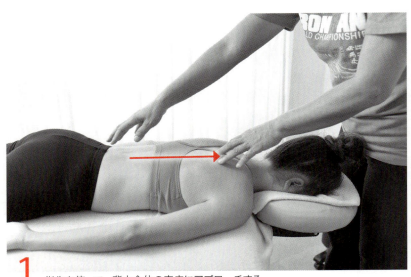

1 指先を使って、背中全体の表皮にアプローチする。

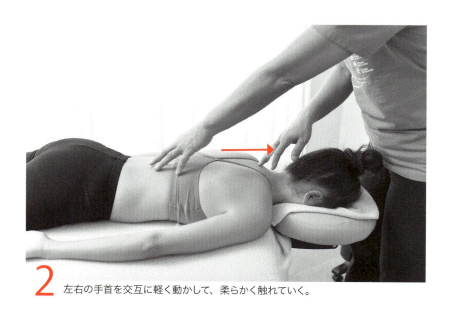

2 左右の手首を交互に軽く動かして、柔らかく触れていく。

実技編 ②

PNF ストレッチ

5. Face up（仰向け）― 下肢
   PNF ストレッチ
6. Face up（仰向け）― 上肢
   PNF ストレッチ
7. Face down（うつ伏せ）― 下肢
   PNF ストレッチ
8. Face down（うつ伏せ）― 上肢
   PNF ストレッチ

PNFストレッチを習得しよう！

　ここからは、PNFストレッチの手技の流れを細かくご説明していきます。実技の構成や、効率よく習得するために念頭においておきたいことなどは、あらかじめ基本知識編のパートをご確認のうえ、練習を進めていただくのがおすすめです。

　また、すべての工程を実施しなくとも、アプローチしたい部分にフォーカスした手技だけでも日頃のトリートメントや治療に活用できます。そのため、各手技ごとに最も効果のある症例も一緒にご紹介していきます。

　スポーツオイルマッサージと同様に、下肢および上肢における左側と右側に関して、基本原則として健側からアプローチすべきだと考えます。理由としては、患側から行うと負担やリスクが大きいからです（健側とは問題がない側を意味します。例えば下肢でいうと、右脚の筋肉が硬くて疲れているなら、左脚が健側、右脚が患側となります）。

　各々のPNFストレッチの手技では、１手技あたり３ターン（往復）を基本回数としますが、クライアントの状況によって回数の増減をしても問題ありません。

　また、PNFを行った後、対象となる筋肉をストレッチしていきます。この時、ストレッチがかかっいる部位を中心に、筋線維に沿ってマニュアルコンタクト（スージングに近い方法）でリンパ、血液などから老廃物を流していきます。

　圧やストレッチのかけ方は、腕の力や指の力だけの圧より、体重移動でかける圧やストレッチが一番心地よく感じます。現場では多数のクライアント、アスリートを施術することが多いため、施術者自身の体を守るためにも、しっかりとしたフォームを身につけましょう。

5 Face up（仰向け）―下肢　PNFストレッチ

◉単体でも効果的な取り入れ方

- ■ Face down（うつ伏せ）体勢ができないクライアントへの下半身の施術。
- ■下肢のむくみ、セルライトの解消。
- ■膝関節の痛みの改善。
- ■股関節の痛みの改善。
- ■ラン（RUN）をはじめとした下肢を使う運動の練習期間中、競技後のケアなど。

＊Face up（仰向け）―下肢　スポーツオイルマッサージと合わせると、さらに効果的です。

Point　下肢（脚）へのPNFストレッチのマニュアルコンタクトは、遠位（下）から近位（上）に向かって行います。特に下肢は、重力や運動によって血液や老廃物、疲労物質が滞っています。それを鼠径リンパ節（股関節）のほうへ下から上に流すことによって、心臓へ戻して体外排出させ、循環を整えます。

01. 股関節屈曲・伸展PNF
ヒラメ筋ストレッチ&マニュアルコンタクト
腓腹筋ストレッチ&マニュアルコンタクト

◎股関節屈曲・伸展 PNF

　施術者はベッド側の手で、クライアントの足の甲にファーストタッチを入れて、クライアントの足先が伸びる方（底屈）に軽くストレッチを入れます。

　次に、その反動によりクライアントのつま先が戻ってくる（背屈）伸張反射を利用しながら足をつかみ、股関節を縦に真っ直ぐ曲げていきます（股関節屈曲）。

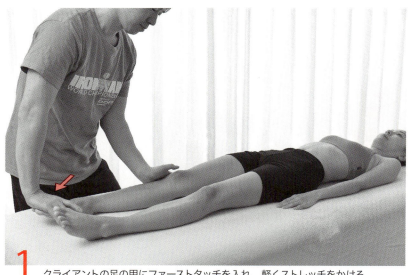

1 クライアントの足の甲にファーストタッチを入れ、軽くストレッチをかける。

⬅ 施術者の力の方向　　⬅ 動作の軌跡

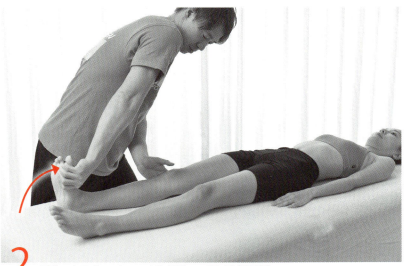

2 反動でクライアントのつま先が戻ってくる（伸張反射）。

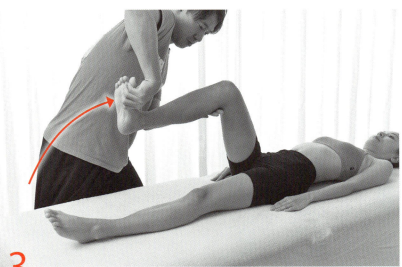

3 伸張反射を利用しながら足をつかみ、股関節を曲げていく。

⬅ 施術者の力の方向　　⬅ 動作の軌跡

股関節が最大可動域まで曲がったら、施術者はクライアントの足裏の母指側に、つま先が上に上がる方向（背屈）へファーストタッチを入れ直して、元のファーストポジションへと下肢全体を伸ばしていきます。

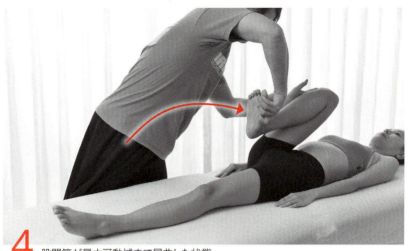

4 股関節が最大可動域まで屈曲した状態。

5 今度は、クライアントの足裏の母指側にファーストタッチを入れる。

⬅ 施術者の力の方向　　⬅ 動作の軌跡

＊このPNFを3ターンを基本回数として、クライアントの状況に合わせて実施してください。施術時間に余裕がある場合は、疲れず負担のない回数を目安として最大10回（往復）程度としてください。

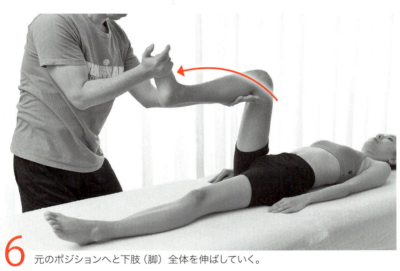

6 元のポジションへと下肢（脚）全体を伸ばしていく。

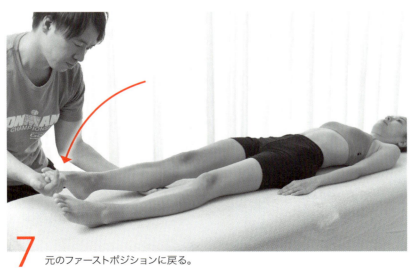

7 元のファーストポジションに戻る。

⬅ 施術者の力の方向　　⬅ 動作の軌跡

◎ヒラメ筋ストレッチ&マニュアルコンタクト

　前手技のPNF後、まず膝を少し曲げ(90度以上)、つま先を上げた状態(背屈)で、足関節、膝関節を固定して、ふくらはぎ深部筋であるヒラメ筋をベッド側の手でストレッチしていきます。

　この時、少し圧を入れた状態でヒラメ筋の走行に沿って下(遠位)から上(近位)へと、外側の手で押し上げていくマニュアルコンタクトを行います。3ターン(往復)を基本回数とします。(上から下へ戻す時は、圧をかけずソフトにします。)

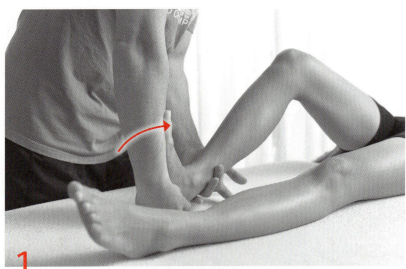

1 クライアントの膝を少し曲げ、つま先を上げてヒラメ筋をストレッチする。

＊スポーツオイルマッサージと組み合わせている場合は、オイルが塗布された状態ですので、そのまま流していけます。
＊PNF ストレッチのみで進めていく場合は、ストレッチ前にオイルを少量手にとって塗布しながらストレッチを実施してください。
＊激しい運動後などは、腓腹筋に筋痙攣が起こっている場合もあります。その時はストレッチをスキップしてください。

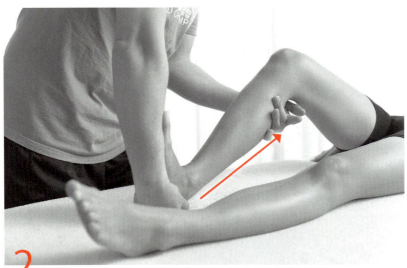

2 ヒラメ筋の走行に沿って下から上に、マニュアルコンタクトを行う。

◎腓腹筋ストレッチ&マニュアルコンタクト

こんな効果も！　膝関節や股関節の痛み、下肢のむくみの改善。

　つま先を上げた状態（背屈）で、足関節、膝関節を伸ばして固定し、ふくらはぎ浅部筋である腓腹筋をベッド側の手でストレッチしていきます。

　この時、少し圧を入れた状態で腓腹筋の走行に沿って下（遠位）から上（近位）へと、外側の手で押し上げていくマニュアルコンタクトを行います。3ターン（往復）を基本回数とします（上から下へ戻す時は、圧をかけずソフトにします）。

　また、膝から上に関しては、太ももの表側にある大腿四頭筋をマニュアルコンタクトで流していくことで、老廃物を鼠径リンパ節へ直接的に戻せますので、さらに効果的です。

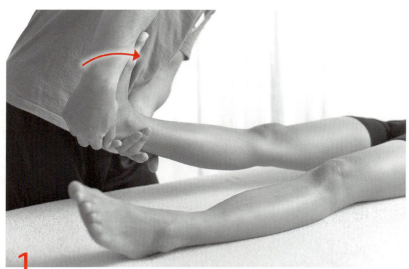

1　クライアントの膝を伸ばし、つま先を上げて腓腹筋をストレッチする。

＊激しい運動後などは、腓腹筋に筋痙攣が起こっている場合もあります。その
 時はストレッチをスキップしてください。

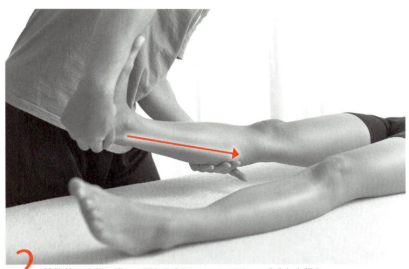

2 腓腹筋の走行に沿って下から上に、マニュアルコンタクトを行う。

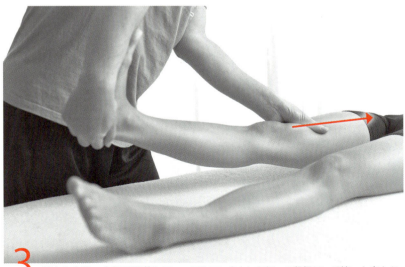

3 膝から上は、大腿四頭筋にマニュアルコンタクトを行って鼠径リンパ節へと向かう。

02. 膝伸展、股関節屈曲・伸展（SLR）PNF
ハムストリングスストレッチ&マニュアルコンタクト
大臀筋ストレッチ&マニュアルコンタクト

◎膝伸展、股関節屈曲・伸展（SLR）PNF

　施術者はベッド側の手で、クライアントの足の甲にファーストタッチを入れて、クライアントの足先が伸びるほう（底屈）に軽くストレッチを入れます。

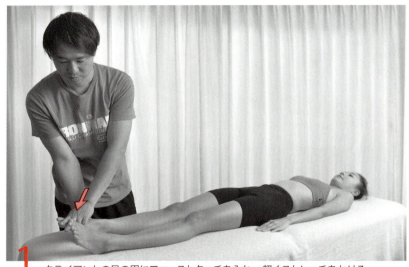

1 クライアントの足の甲にファーストタッチを入れ、軽くストレッチをかける。

← 施術者の力の方向　　← 動作の軌跡

次に、その反動によりクライアントのつま先が戻ってくる（背屈）伸張反射を利用して、手でクライアントの踵を押しながら、膝を伸ばした状態で股関節を曲げ、足を上げていきます（股関節屈曲）。

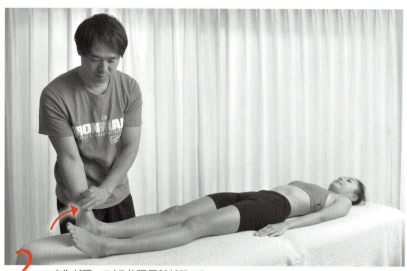

2 つま先が戻ってくる伸張反射が起こる。

⬅ 施術者の力の方向　　⬅ 動作の軌跡

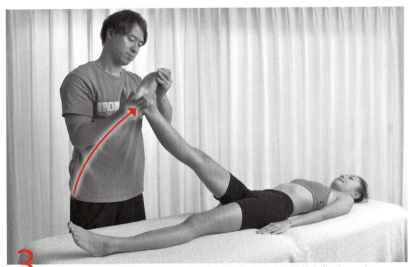

3 伸張反射を利用して踵を押し上げ、膝を伸ばしたまま股関節を曲げていく。

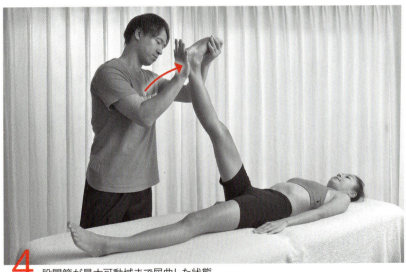

4 股関節が最大可動域まで屈曲した状態。

← 施術者の力の方向　　← 動作の軌跡

可動域限界までいったら、逆方向に踵へファーストタッチを入れて、元のファーストポジションの方向へ下肢を戻していきます。

> ＊膝伸展、股関節屈曲（SLR）の可動域は、クライアントによって大きな個人差があります。90度を正常角度としますが、ハムストリングスを傷めないためにも、ゆっくり慎重に動かしていくように注意してください。
> ＊この PNF を 3 ターンを基本回数として、クライアントの状況に合わせて実施してください。施術時間に余裕がある場合は、疲れず負担のない回数を目安として最大 10 回（往復）程度としてください。

実技編❷

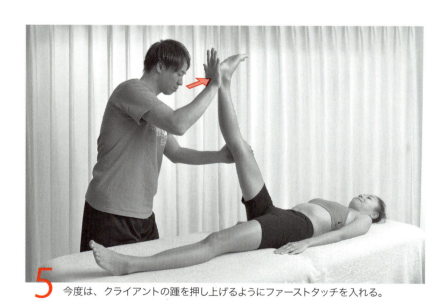

5 今度は、クライアントの踵を押し上げるようにファーストタッチを入れる。

⬅ 施術者の力の方向　　⬅ 動作の軌跡

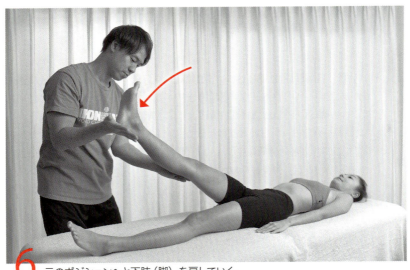

6 元のポジションへと下肢（脚）を戻していく。

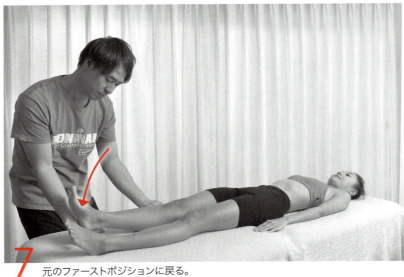

7 元のファーストポジションに戻る。

⬅ 施術者の力の方向　　⬅ 動作の軌跡

◎ハムストリングスストレッチ&マニュアルコンタクト

　PNF後、まず膝を伸ばした状態から、股関節の屈曲可動域限界値で、大腿部裏側のハムストリングス(外側:大腿二頭筋、内側:半腱様筋、半膜様筋)をベッド側の手を使ってストレッチしていきます。

　そして、少し圧を入れた状態でハムストリングスの走行に沿って下(遠位)から上(近位)へと、外側の手で押し上げていくマニュアルコンタクトを行います。3ターン(往復)を基本回数とします(上から下へ戻す時は、圧をかけずソフトにします)。

　これを、ハムストリングの外側のライン、内側のラインの2本のラインに沿ってアプローチします。

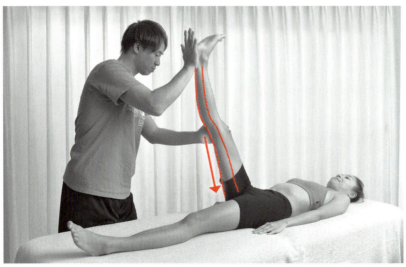

股関節の最大屈曲位置でハムストリングをストレッチ。そしてマニュアルコンタクトを行う。

◎大臀筋ストレッチ&マニュアルコンタクト

次に、そのまま膝を曲げながら股関節を最大屈曲まで押していくことで、臀部の大臀筋がストレッチされます。クライアントの臀部が出ている状態であれば、そのままマニュアルコンタクトを対象となる筋肉に行ってください。

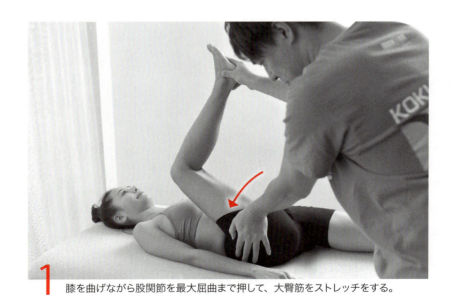

1 膝を曲げながら股関節を最大屈曲まで押して、大臀筋をストレッチをする。

この時、少し圧を入れた状態で大臀筋の走行に沿って下（遠位）から上（近位）へと、外側の手で押し上げていくマニュアルコンタクトを行います。3ターン（往復）を基本回数とします。

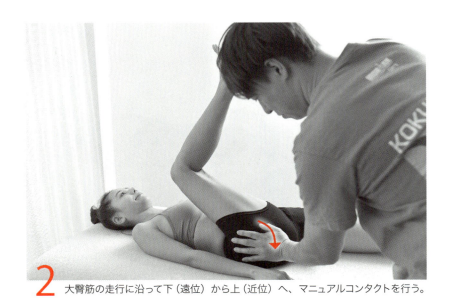

2　大臀筋の走行に沿って下（遠位）から上（近位）へ、マニュアルコンタクトを行う。

03. 股関節内旋・外旋PNF
股関節内旋筋ストレッチ&マニュアルコンタクト
股関節外旋筋ストレッチ&マニュアルコンタクト

◎股関節内旋・外旋 PNF

　クライアントの膝関節を約90度に曲げ、股関節を外側へ限界まで開いていきます。そこから施術者は、膝の内側へファーストタッチを股関節外旋方向（下方向。可動域が低い方は外側方向）へ入れて、クライアントの股関節を内側へ閉めるように動かしていきます（股関節内旋）。

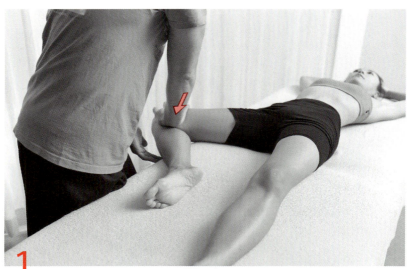

1 クライアントの膝の内側に、股関節外旋方向へファーストタッチを入れる。

← 施術者の力の方向　　← 動作の軌跡

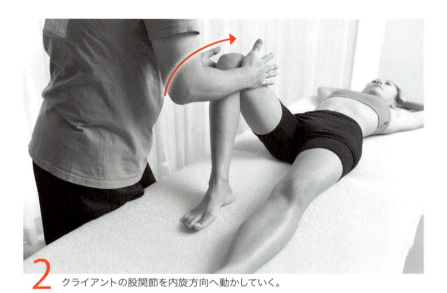

2 クライアントの股関節を内旋方向へ動かしていく。

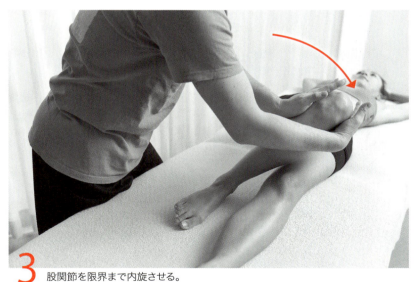

3 股関節を限界まで内旋させる。

⬅ 施術者の力の方向　　⬅ 動作の軌跡

次に、膝関節の外側から下方向（可動域が低い方は内側方向）へ入れて、クライアントの股関節を外側へ開くように動かしていきます（股関節外旋）。

＊このPNFを3ターンを基本回数として、クライアントの状況に合わせて実施してください。施術時間に余裕がある場合は、疲れず負担のない回数を目安として最大10回（往復）程度としてください。

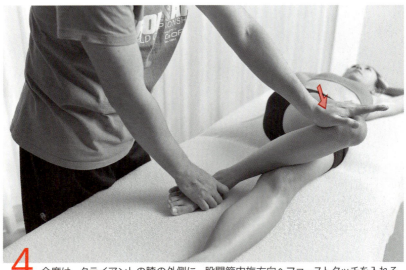

4 今度は、クライアントの膝の外側に、股関節内旋方向へファーストタッチを入れる。

⬅ 施術者の力の方向　　⬅ 動作の軌跡

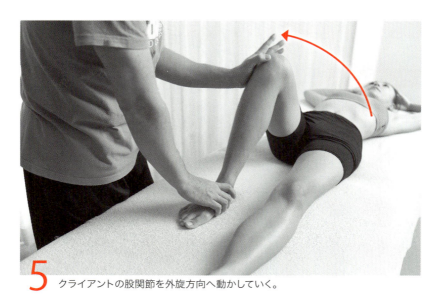

5 クライアントの股関節を外旋方向へ動かしていく。

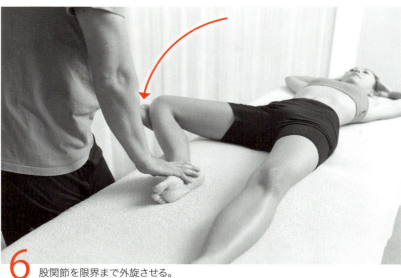

6 股関節を限界まで外旋させる。

⬅ 施術者の力の方向　　⬅ 動作の軌跡

◎股関節内旋筋ストレッチ&マニュアルコンタクト

こんな効果も！ 股関節の内旋・外旋の痛み、可動域制限の改善。

PNF後、まず膝を曲げた状態から、股関節の外旋(開き)可動域限界値で、大腿部・股関節の内旋筋（半腱様筋、半膜様筋、薄筋、大内転筋など）をベッド側の手を使ってストレッチしていきます。このストレッチに限り、施術者の外側の骨盤にクライアントの下肢を固定して、両手を使わずに実施ができます。

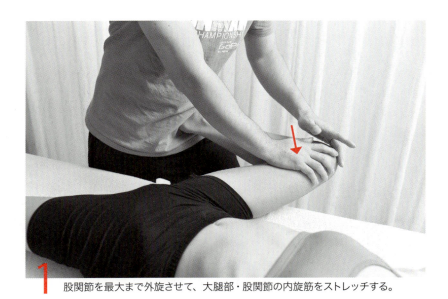

1 股関節を最大まで外旋させて、大腿部・股関節の内旋筋をストレッチする。

両手が空いた状態になりますので、少し圧を入れた状態で大腿部・股関節の内旋筋を走行に沿って下(遠位)から上(近位)へと押し上げていくマニュアルコンタクトを行います。3ターン（往復）を基本回数とします（上から下へ戻す時は、圧をかけずソフトにします）。

　　＊マニュアルコンタクトの基本はスージングですが、この時はリンギングで揉みほぐすことも可能です。

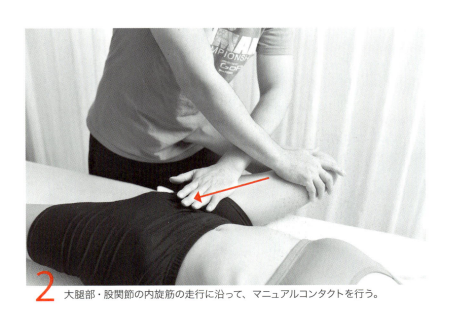

2　大腿部・股関節の内旋筋の走行に沿って、マニュアルコンタクトを行う。

◎股関節外旋筋ストレッチ&マニュアルコンタクト

こんな効果も！ 股関節の内旋・外旋の痛み、可動域制限の改善。

　次に、膝を曲げた状態から、股関節の内旋(閉じ)可動域限界値で、大腿部・股関節の外旋筋（大臀筋、梨状筋、内外閉鎖筋、上下双子筋、大腿方形筋など）をベッド側の手を使ってストレッチしていきます。この時、大腿外側広筋も同時にストレッチされます。

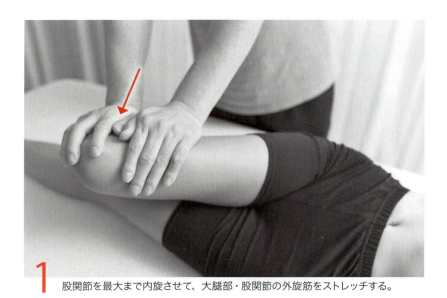

1 股関節を最大まで内旋させて、大腿部・股関節の外旋筋をストレッチする。

少し圧を入れた状態で、大腿部・股関節の外旋筋、大腿外側広筋を走行に沿って下（遠位）から上（近位）へと押し上げていくマニュアルコンタクトを行います。3ターン（往復）を基本回数とします。

　クライアントの臀部が出ている状態であれば、そのままマニュアルコンタクトを対象となる筋肉に行ってください。

　　＊以上の一連の施術を、反対の脚も同様に行います。

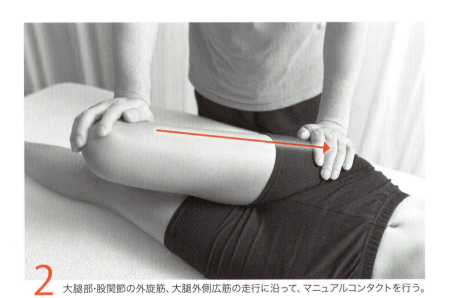

2　大腿部・股関節の外旋筋、大腿外側広筋の走行に沿って、マニュアルコンタクトを行う。

COLUMN ❸

●活動フィールドを広げよう！

　本書を手に取られた読者の方々は、セラピストやトレーナーのお仕事をされている方、またはそれらを目指している方も多いことでしょう。私たちの職業はまさに「手に職」であり、身体一つあれば、どこでも仕事ができるのが特徴です。

　普段、サロンや医療現場で施術することはさることながら、スポーツの現場などでも活動は自由にでき、またニーズも高いといえます。

　さらに視野を広げると、日本国内だけでなく、海外でも活動フィールドは広げられます。もちろん、海外で仕事として真剣に取り組む場合は、就労ビザの取得やその国で許可されているライセンス取得も必要になってきます。

　その目標に向けて実際に体験できるのが、我ら「国境なきセラピスト団」の活動です。私たちは海外で開催されるいくつかのスポーツ大会の現場にて、オフィシャルマッサージブースでの施術を許可されています。

　2020年の東京オリンピックも控え、これから益々グローバル化していく日本国内においても外国人へのアプローチは必須であり、まさに業界の課題でもあります。欧米人はアジア人と比較すると、骨格、筋肉のつき方が大きく異なる部分があります。また文化が違えば、コミュニケーションの仕方も異なってくるものです。

　このような状況に、経験を通して慣れ親しむことで、臨機応変な対応力もつきます。どのような環境でも、どのような方にも施術ができる、一流のセラピスト、トレーナーとして、大きくステップアップできることを確信しております。

Face up（仰向け）—上肢　PNFストレッチ

◉単体でも効果的な取り入れ方

- ■ Face down（うつ伏せ）体勢ができないクライアントへの上半身の施術。
- ■肩関節の痛みの改善。
- ■肩関節の可動域の改善。
- ■四十肩、五十肩の改善。
- ■水泳、野球、テニスなど肩関節を酷使する運動の練習期間中、競技後のケアなど。

＊Face up（仰向け）—上肢　スポーツオイルマッサージと合わせるとさらに効果的です。

 Point 上肢、即ち腕は、下肢と比較すると筋肉が小さくデリケートな部分が多いので、圧加減には注意してください。特に、脱臼経験があるクライアントなどは注意が必要です。

01. 肩関節屈曲・伸展PNF
上腕三頭筋ストレッチ&マニュアルコンタクト

◎肩関節屈曲・伸展 PNF

　施術者は、クライアントの手の母指側にファーストタッチを入れて、クライアントの肘関節を伸ばした状態で手を上げていきます（肩関節屈曲）。

　下肢にも同じことがいえますが、PNF の1ターン目は可動域チェックも兼ねて、ゆっくり慎重に動かしていってください。

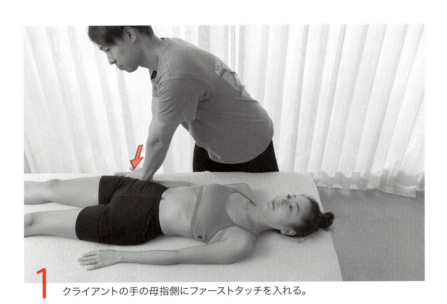

1 クライアントの手の母指側にファーストタッチを入れる。

⬅ 施術者の力の方向　　⬅ 動作の軌跡

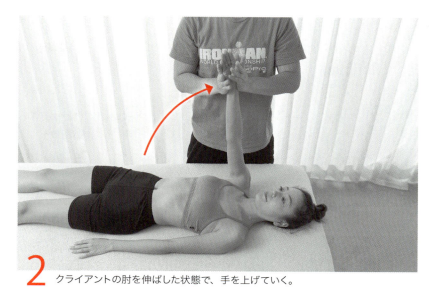

2 クライアントの肘を伸ばした状態で、手を上げていく。

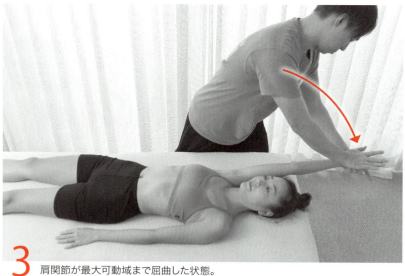

3 肩関節が最大可動域まで屈曲した状態。

⬅ 施術者の力の方向　　⬅ 動作の軌跡

次に、クライアントの小指側へファーストタッチを入れ直して、元のファーストポジションへ戻していきます。この時も、肘関節は伸ばしたまま動かしていきます（肩関節伸展）。

＊このPNFを3ターンを基本回数として、クライアントの状況に合わせて実施してください。施術時間に余裕がある場合は、疲れず負担のない回数を目安として最大10回（往復）程度としてください。

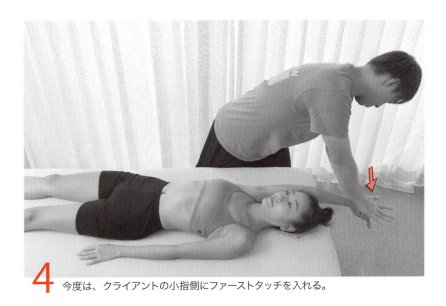

4 今度は、クライアントの小指側にファーストタッチを入れる。

⬅ 施術者の力の方向　　⬅ 動作の軌跡

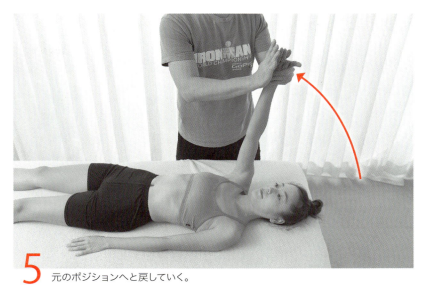

5 元のポジションへと戻していく。

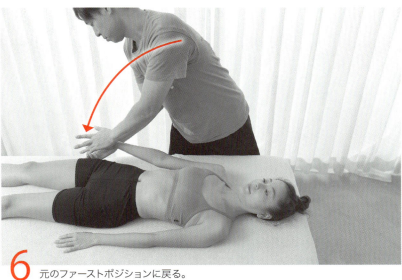

6 元のファーストポジションに戻る。

⬅ 施術者の力の方向　⬅ 動作の軌跡

◎上腕三頭筋ストレッチ&マニュアルコンタクト

　PNF後、肘関節を伸ばした状態で肩関節屈曲（挙上）をさせて上腕三頭筋のストレッチを入れていきます。

　この時、少し圧を入れた状態で上腕三頭筋の走行に沿って押し上げていくマニュアルコンタクトを行います。3ターン(往復)を基本回数とします(3ターン目は、腋窩にあるリンパ節に流していくほうをやや意識的に行うと良いでしょう)。

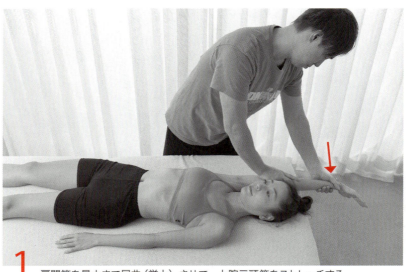

1 肩関節を最大まで屈曲（挙上）させて、上腕三頭筋をストレッチする。

＊スポーツオイルマッサージと組み合わせている場合は、オイルが塗布された状態ですので、そのまま流していけます。
＊PNFストレッチのみで進めていく場合は、ストレッチ前にオイルを少量手にとって塗布しながらストレッチを実施してください。

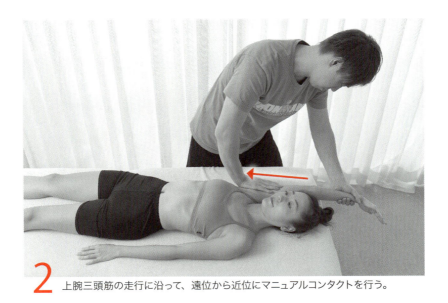

2 上腕三頭筋の走行に沿って、遠位から近位にマニュアルコンタクトを行う。

02. 肩関節内旋・外旋PNF
肩関節外旋筋ストレッチ&マニュアルコンタクト
肩関節内旋筋ストレッチ&マニュアルコンタクト

◎肩関節内旋・外旋 PNF

　クライアントの肩関節と肘関節を90度で保持して開いた状態から、クライアントの手の小指側に施術者はファーストタッチを入れて、下方向へ動かしていきます（肩関節内旋）。この時、肩関節、肘関節の90度は保ったまま動かしていくことがポイントです。

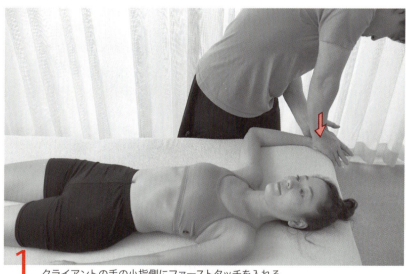

1 クライアントの手の小指側にファーストタッチを入れる。

← 施術者の力の方向　　← 動作の軌跡

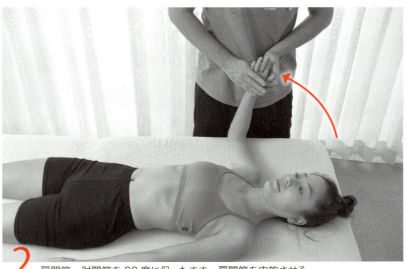

2 肩関節、肘関節を 90 度に保ったまま、肩関節を内旋させる。

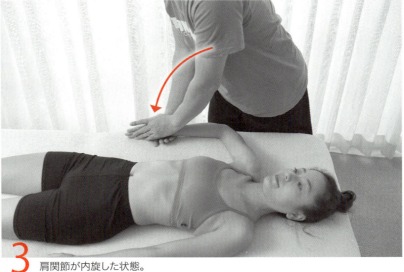

3 肩関節が内旋した状態。

⬅ 施術者の力の方向　　⬅ 動作の軌跡

次に、クライアントの母指側へファーストタッチを入れ替えて、最初のポジションである外旋位へと戻していきます（肩関節外旋）。

これは、肩関節のインナーマッスル全体を狙った PNF であり、肩関節の大きな動きを補助する筋肉への刺激が増大することで、パフォーマンス向上につながります。

＊この PNF を 3 ターンを基本回数として、クライアントの状況に合わせて実施してください。施術時間に余裕がある場合は、疲れず負担のない回数を目安として最大 10 回（往復）程度としてください。

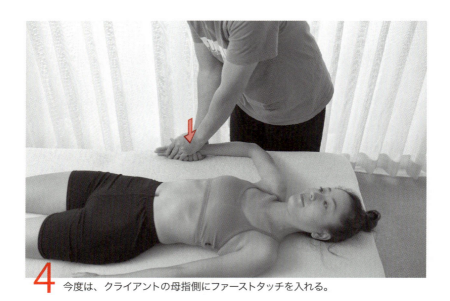

4　今度は、クライアントの母指側にファーストタッチを入れる。

← 施術者の力の方向　← 動作の軌跡

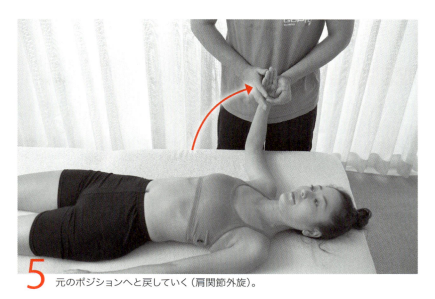

5 元のポジションへと戻していく（肩関節外旋）。

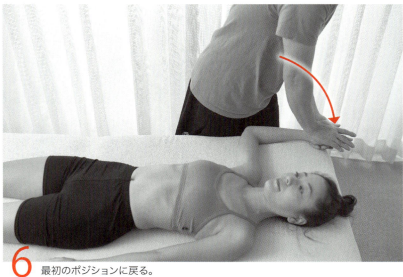

6 最初のポジションに戻る。

 施術者の力の方向　　⬅ 動作の軌跡

◎肩関節外旋筋ストレッチ&マニュアルコンタクト

こんな効果も! 　肩関節の痛みや可動域減少(四十肩、五十肩)の改善。

　前手技のPNFと同じスタイル(肩関節&肘関節90度)で肩関節内旋位をとって、肩関節の付け根あたりをマニュアルコンタクトで流していきます。
　肩関節の外旋筋は、正確には棘下筋(肩甲骨側)、小円筋などになりますが、ここでは内旋へのストレッチ(外旋筋ストレッチ)によって捻れが生じている肩関節周囲、小円筋を中心にマニュアルコンタクトを実施します。

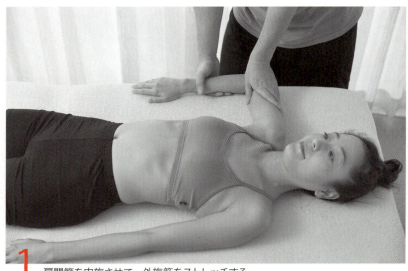

1 肩関節を内旋させて、外旋筋をストレッチする。

ストレッチされている肩関節周囲へのマニュアルコンタクトでは、腋窩にあるリンパ節に流していくほうをやや意識的に行うと、老廃物、リンパをさらに流しやすくなります。

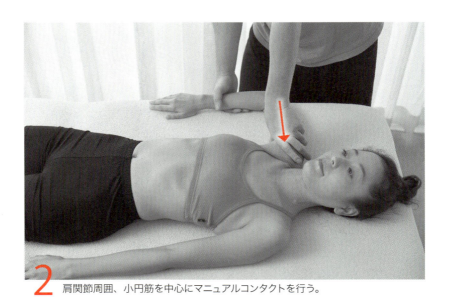

2　肩関節周囲、小円筋を中心にマニュアルコンタクトを行う。

◎肩関節内旋筋ストレッチ&マニュアルコンタクト

こんな効果も！ 肩関節の痛みや可動域減少（四十肩、五十肩）の改善。

同じく、前項のPNFと同じスタイル（肩関節&肘関節90度）で肩関節外旋位をとって、肩関節の付け根あたりをマニュアルコンタクトで流していきます。

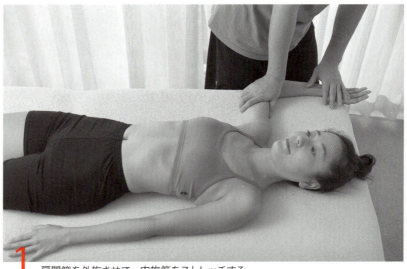

1 肩関節を外旋させて、内旋筋をストレッチする。

肩関節の内旋筋は、正確には肩甲下筋、大円筋、広背筋、大胸筋などになりますが、ここでは外旋へのストレッチ（内旋筋ストレッチ）によって捻れが生じている肩関節周囲、大円筋、大胸筋を中心にマニュアルコンタクトを実施します。

　ストレッチされている肩関節周囲のマニュアルコンタクトでは、腋窩にあるリンパ節に流していくほうをやや意識的に行うと、老廃物、リンパをさらに流しやすくなります。

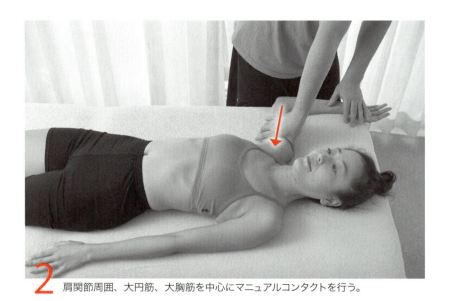

2　肩関節周囲、大円筋、大胸筋を中心にマニュアルコンタクトを行う。

PICK UP！

もう一つの肩関節内旋筋・外旋筋ストレッチ方法

　肩関節の内旋と外旋のポジションとして、すでにご紹介した脇を開いた状態は「第２肢位内旋・外旋」と呼ばれます。他にも同じ筋肉群を動かせる方法があります。それは、クライアントの脇を閉じ、肘を上げた状態で、内旋・外旋のストレッチを入れていく方法です。

もう一つの、肩関節外旋筋ストレッチ&マニュアルコンタクト

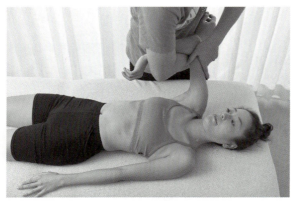

1

脇を閉じ、肘を上げた状態で肩関節を内旋させて、外旋筋をストレッチする。

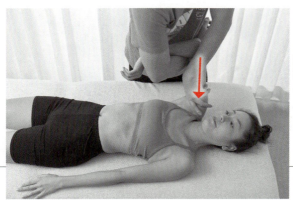

2

肩関節周囲、小円筋を中心にマニュアルコンタクトを行う。

この方法は上方向に行うため、肩関節に牽引が入って、よりストレッチしやすくなります。しかし、ルーズな肩にはリスクも出てくるので、アプローチには十分気をつけてください。

もう一つの、肩関節内旋筋ストレッチ&マニュアルコンタクト

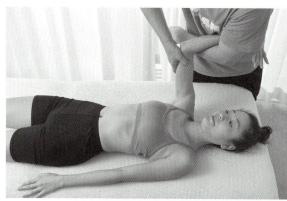

3 脇を閉じ、肘を上げた状態で肩関節を外旋させて、内旋筋をストレッチする。

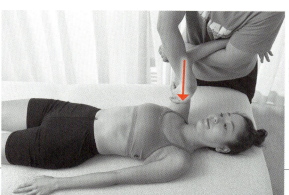

4 肩関節周囲、大円筋、大胸筋を中心にマニュアルコンタクトを行う。

03. 肩関節水平内転・水平外転PNF 三角筋ストレッチ&マニュアルコンタクト

◎肩関節水平内転・水平外転 PNF

　クライアントの肩関節を約90度で開いた状態から、クライアントの手のひらに施術者はファーストタッチを入れて、内側方向へ動かしていきます（肩関節水平内転）。この時、肘関節は伸ばしたまま動かしていくことがポイントです。

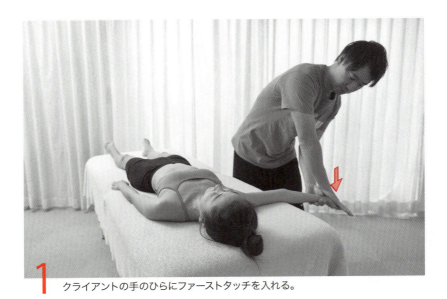

1 クライアントの手のひらにファーストタッチを入れる。

← 施術者の力の方向 　　← 動作の軌跡

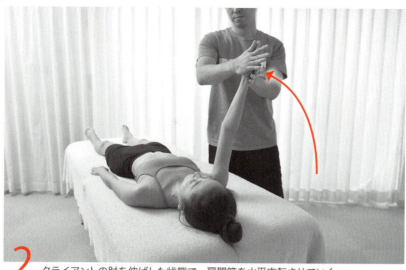

2　クライアントの肘を伸ばした状態で、肩関節を水平内転させていく。

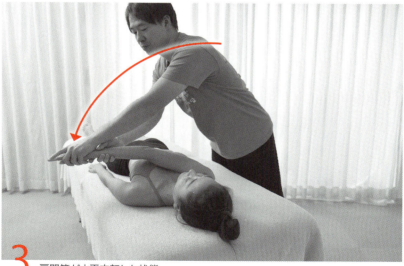

3　肩関節が水平内転した状態。

⬅ 施術者の力の方向　　⬅ 動作の軌跡

次に、内側方向からクライアントの手の甲へファーストタッチを入れ替えて、元のファーストポジションである肩関節が開いた状態へ戻していきます（肩関節水平外転）。

> ＊このPNFは、基本3ターンで実施しますが、1ターン目、2ターン目、3ターン目と少し角度をずらして行うと、対象となっている三角筋を広く使用できます。
> ＊このPNFを3ターンを基本回数として、クライアントの状況に合わせて実施してください。施術時間に余裕がある場合は、疲れず負担のない回数を目安として最大10回（往復）程度としてください。

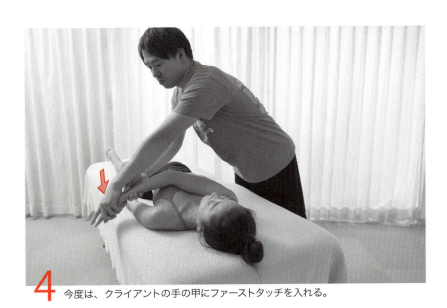

4　今度は、クライアントの手の甲にファーストタッチを入れる。

← 施術者の力の方向　　← 動作の軌跡

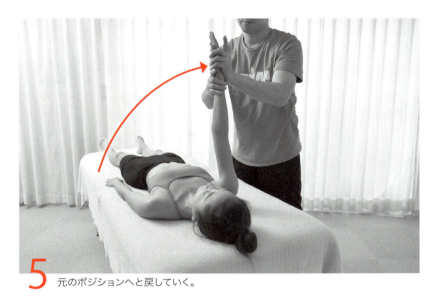

5 元のポジションへと戻していく。

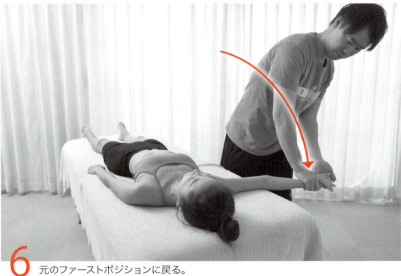

6 元のファーストポジションに戻る。

⬅ 施術者の力の方向　　⬅ 動作の軌跡

◎三角筋ストレッチ&マニュアルコンタクト

　肩関節の水平内転のポジションを取り、肩関節周囲にある三角筋に対して、マニュアルコンタクトで肘関節から腋下方向にスージングで流していきます。

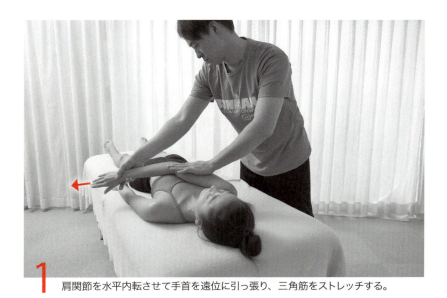

1 肩関節を水平内転させて手首を遠位に引っ張り、三角筋をストレッチする。

施術者は、クライアントの手首から遠位に牽引をかけるように引っ張りストレッチしますが、クライアントとのリーチ差がある場合は、肘関節をやや曲げながら下方向に押してもストレッチは十分にかかります。

＊これも PNF と同様、水平内転位の角度を少しずつ変えていくと、三角筋のストレッチされている部分も変わり、満遍なくストレッチ、マニュアルコンタクトができます。
＊以上の一連の施術を、反対の腕も同様に行います。

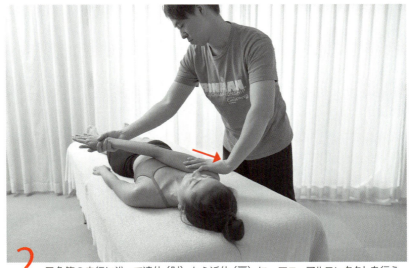

2　三角筋の走行に沿って遠位（肘）から近位（肩）に、マニュアルコンタクトを行う。

リーチ差がある場合

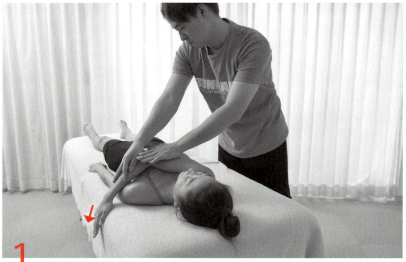

1 肘関節をやや曲げながら下方向に押して、三角筋をストレッチする。

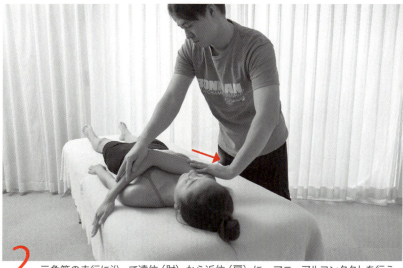

2 三角筋の走行に沿って遠位（肘）から近位（肩）に、マニュアルコンタクトを行う。

7 Face down（うつ伏せ）―下肢　PNFストレッチ

●単体でも効果的な取り入れ方

- ■ Face up（仰向け）体勢ができないクライアントへの下半身の施術。
- ■下肢のむくみ、セルライトの解消。
- ■膝関節の痛みの改善。
- ■股関節の痛みの改善。
- ■ラン（RUN）をはじめとした下肢を使う運動の練習期間中、競技後のケアなど。

＊Face up（仰向け）―下肢　PNFストレッチと合わせると、さらに効果的です。
＊Face up（仰向け）＆ Face down（うつ伏せ）―下肢　スポーツオイルマッサージと合わせると、非常に効果的です。

Point　下肢（脚）へのPNFストレッチのマニュアルコンタクトは、遠位（下）から近位（上）に向かって行います。特に下肢は、重力や運動によって血液や老廃物、疲労物質が滞っています。それを鼠径リンパ節（股関節）のほうへ下から上に流すことによって、心臓へ戻して体外排出させ、循環を整えます。

01. 膝関節屈曲・伸展PNF
大腿四頭筋ストレッチ&マニュアルコンタクト

◎膝関節屈曲・伸展 PNF

　施術者は、クライアントの踵にファーストタッチを入れて、クライアントの踵を臀部のほうへカールさせながら、ハムストリングスを収縮させるように動かしていきます（膝関節屈曲）。

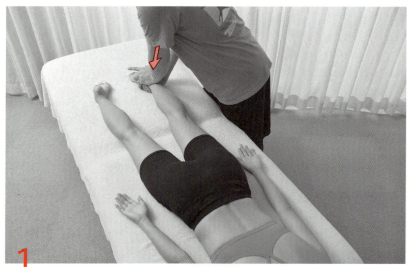

1 クライアントの踵にファーストタッチを入れる。

⬅ 施術者の力の方向　　⬅ 動作の軌跡

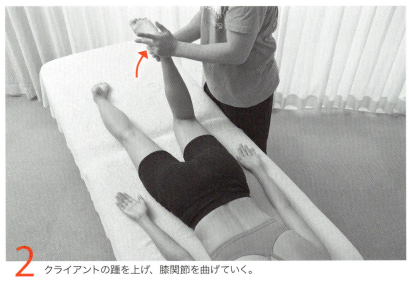

2 クライアントの踵を上げ、膝関節を曲げていく。

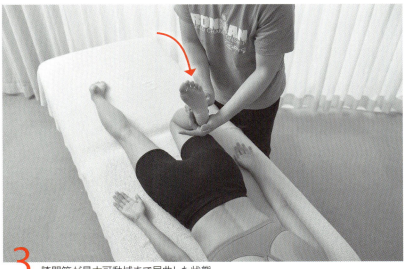

3 膝関節が最大可動域まで屈曲した状態。

⬅ 施術者の力の方向　⬅ 動作の軌跡

次に、臀部のほうまで踵がきたら、足の甲へファーストタッチを入れて、元のファーストポジションへ戻していきます（膝関節伸展）。

＊このPNFを3ターンを基本回数として、クライアントの状況に合わせて実施してください。施術時間に余裕がある場合は、疲れず負担のない回数を目安として最大10回（往復）程度としてください。

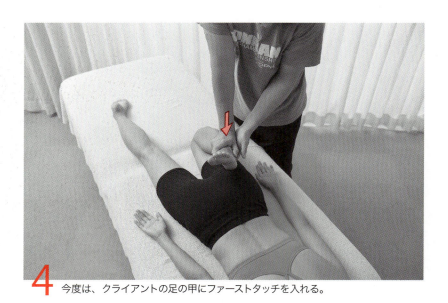

4 今度は、クライアントの足の甲にファーストタッチを入れる。

← 施術者の力の方向　← 動作の軌跡

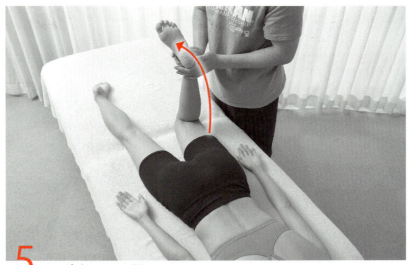

5 元のポジションへと戻していく。

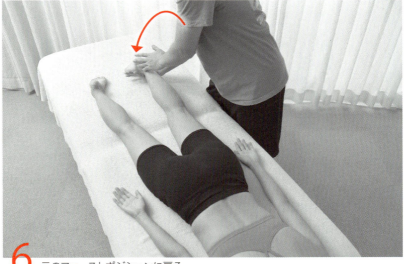

6 元のファーストポジションに戻る。

⬅ 施術者の力の方向　　⬅ 動作の軌跡

◎大腿四頭筋ストレッチ&マニュアルコンタクト

こんな効果も！　膝関節や股関節の痛み、下肢のむくみの改善。

PNF後、まず膝を曲げた状態（90度以上、可動域が狭い方はそれ以上）で、足関節をつかんで固定し、大腿四頭筋の外側・内側を下（遠位）から上（近位）へとスージングでマニュアルコンタクトしていきます。

スージング（外側）

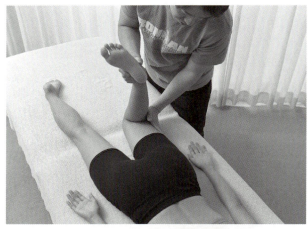

1
膝関節を曲げた状態で固定する。

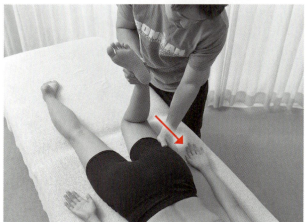

2
大腿四頭筋の外側を下(遠位)から上(近位)にマニュアルコンタクトする。

また、この体勢では大腿四頭筋の正面である大腿直筋や大腿中間広筋へのマニュアルコンタクトは難しいので、ハムストリングスをマニュアルコンタクトでコンプレッション（圧迫）していきます。筋肉は、収縮時でも負担がなければ柔らかい性質があります。それを応用して、ハムストリングスへマニュアルコンタクトでアプローチします（次ページより写真解説）。

スージング（内側）

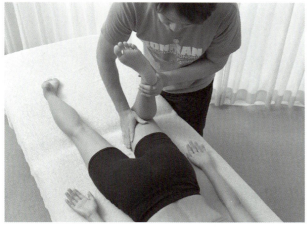

1
膝関節を曲げた状態で固定する。

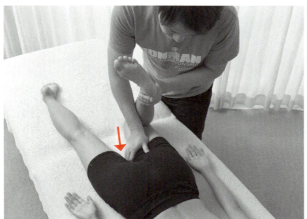

2
大腿四頭筋の内側を下(遠位)から上(近位)にマニュアルコンタクトする。

ストレッチの対象となっている筋肉、うつ伏せのこのパターンではハムストリングスを、少し圧を入れた状態で筋肉の走行に沿って下（遠位）から上（近位）へと押し上げていくマニュアルコンタクトを行います。3ターン（往復）を基本回数とします（上から下へ戻す時は、圧をかけずソフトにします）。

コンプレッション（外側）

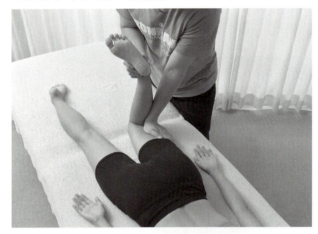

1 膝関節を曲げた状態で固定する。

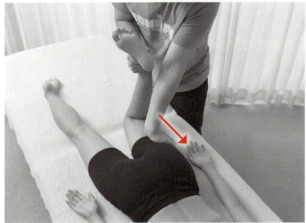

2 うつ伏せでは大腿四頭筋の正面へのアプローチは難しいため、ハムストリング（外側）をコンプレッションしていく。

＊スポーツオイルマッサージと組み合わせている場合は、オイルが塗布された状態ですので、そのまま流していけます。
＊PNFストレッチのみで進めていく場合は、ストレッチ前にオイルを少量手にとって塗布しながらストレッチを実施してください。
＊激しいスポーツの競技後などは、ハムストリングスに筋痙攣が起こっている場合もあります。その時は、ストレッチをスキップしてください。

コンプレッション（内側）

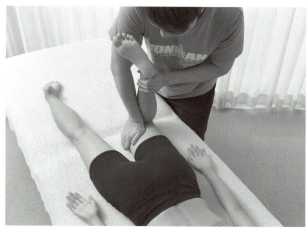

1
膝関節を曲げた状態で固定する。

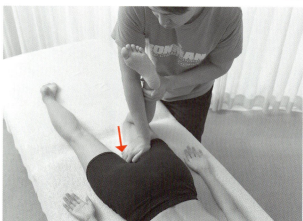

2
うつ伏せでは大腿四頭筋の正面へのアプローチは難しいため、ハムストリング（内側）をコンプレッションしていく。

02. 股関節外旋・内旋PNF
大腿外側広筋ストレッチ&マニュアルコンタクト
中臀筋ストレッチ&マニュアルコンタクト

◎股関節外旋・内旋 PNF

クライアントの膝関節を曲げて（90度）から、股関節を外側へ限界まで開いていきます。そこから施術者は足関節の内側へファーストタッチを入れて、クライアントの踵を内側へ倒すように動かしていきます（股関節外旋）。

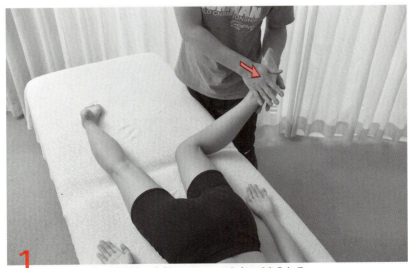

1 クライアントの足関節の内側に、ファーストタッチを入れる。

⬅ 施術者の力の方向　　⬅ 動作の軌跡

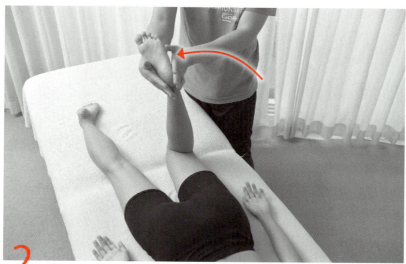

2 クライアントの踵を動かし、股関節を外旋させていく。

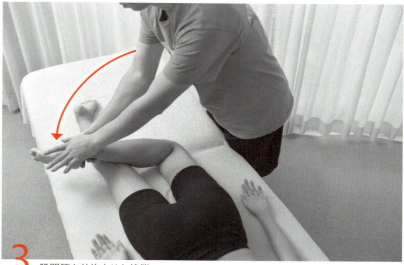

3 股関節を外旋させた状態。

⬅ 施術者の力の方向　　⬅ 動作の軌跡

次に、膝関節の角度を90度で維持したまま、足関節の外側へファーストタッチを入れなおして、クライアントの踵を外側へ開くように動かしていきます（股関節内旋）。

　＊このPNFを3ターンを基本回数として、クライアントの状況に合わせて実施してください。施術時間に余裕がある場合は、疲れず負担のない回数を目安として最大10回（往復）程度としてください。

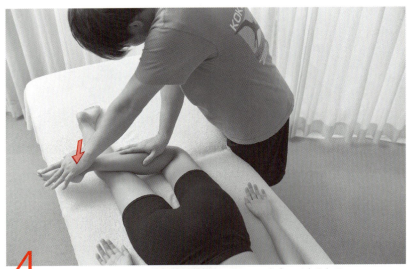

4　今度は、クライアントの足関節の外側に、ファーストタッチを入れる。

← 施術者の力の方向　　← 動作の軌跡

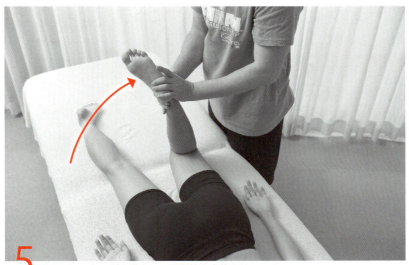

5 クライアントの踵を動かし、股関節を内旋させていく。

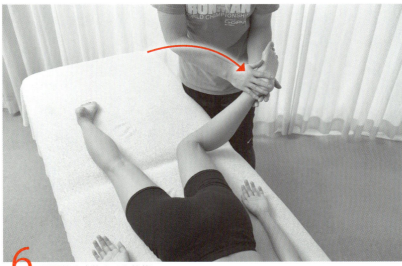

6 股関節を内旋させた状態。

⇐ 施術者の力の方向　　⇐ 動作の軌跡

◎大腿外側広筋ストレッチ&マニュアルコンタクト

こんな効果も！ 股関節の内旋外旋時の痛み、可動域制限の改善。

　PNF後、まず膝を曲げた状態から、股関節の外旋（開き）可動域限界値（うつ伏せの状態では踵を内側へ倒した状態）で、股関節の内旋筋（半腱様筋、半膜様筋、薄筋、大内転筋など）、大腿部の外側の筋肉をストレッチするために膝関節も曲げていきます。

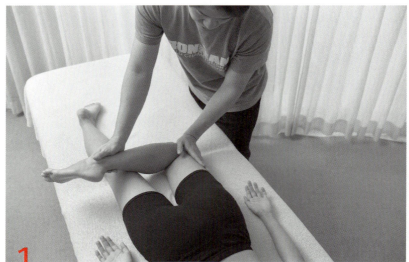

1 股関節を最大まで外旋させ、股関節の内旋筋、大腿部外側の筋肉をストレッチする。

これもうつ伏せ状態であるため、PNFでアプローチした筋肉とやや差異がありますが、下肢全体から見た場合は必ず使用している筋肉であり、関わりがあるので、流れにしたがってストレッチしてください。

　少し圧を入れた状態で、ストレッチしている筋肉の走行に沿って下（遠位）から上(近位)へと押し上げていくマニュアルコンタクトを行います。3ターン(往復) を基本回数とします（上から下へ戻す時は、圧をかけずソフトにします）。

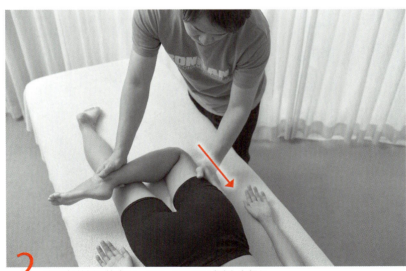

2　大腿部外側の筋肉に、マニュアルコンタクトを行う。

◎中臀筋ストレッチ&マニュアルコンタクト

こんな効果も！ 股関節の内旋外旋時の痛み、可動域制限の改善。

次に、膝を90度に曲げた状態から、股関節の内旋（閉じ）可動域限界値（うつ伏せの状態では踵を外側へ倒した状態）で、股関節の外旋筋（梨状筋、内外閉鎖筋、上下双子筋、大腿方形筋など）、大腿部の内側の筋肉をストレッチするとともに、中臀筋のストレッチも行います。

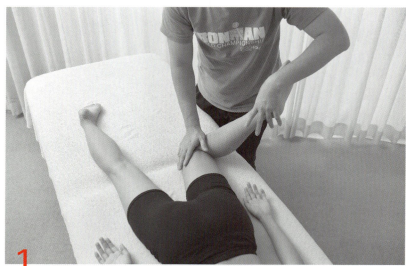

1 股関節を内旋させ、股関節の外旋筋、大腿部内側の筋肉をストレッチする。

ここでは体勢の関係上、大腿部の内側の筋肉である股関節の内旋筋（半腱様筋、半膜様筋、薄筋、大内転筋など）に対して、マニュアルコンタクトを行います。

　さらにこの体勢からハムストリングスをマニュアルコンタクトでコンプレッション（圧迫）していきます。筋肉は、収縮時でも負担がなければ柔らかい性質があります。それを応用して、ハムストリングスへマニュアルコンタクトでアプローチします。

　マニュアルコンタクトを各3ターン（往復）を基本回数として行います（上から下へ戻す時は、圧をかけずソフトにします）。

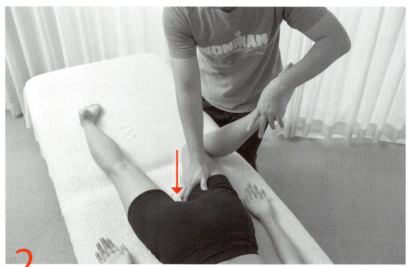

2　股関節の内旋筋、ハムストリングスに、マニュアルコンタクトを行う。

コンプレッション 〜 ストレッチ

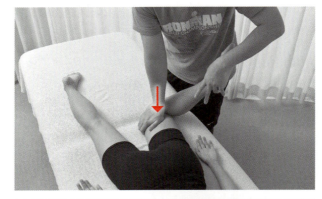

3 股関節を内旋させた状態で固定する。

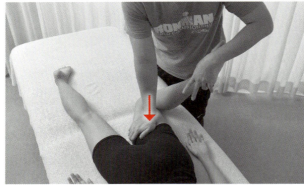

4 ハムストリング(内側)をコンプレッションしていく。

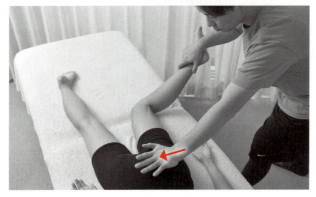

5 中殿筋をストレッチしていく。

＊上記1〜4を3ターン(往復)してから、5のストレッチを最後に行う。
＊以上の一連の施術を、反対の脚も同様に行います。

Face down（うつ伏せ）—上肢　PNFストレッチ

●単体でも効果的な取り入れ方

- Face up（仰向け）体勢ができないクライアントへの上半身の施術。
- 肩関節、肩甲骨周囲の痛みの改善。
- 肩関節、肩甲骨周囲の可動域の改善。
- 四十肩、五十肩の改善。
- 水泳、野球、テニスなど肩関節を酷使する運動の練習期間中、競技後のケアなど。

＊Face up（仰向け）—上肢　PNFストレッチと合わせるとさらに効果的です。
＊Face up（仰向け）& Face down（うつ伏せ）—上肢　スポーツオイルマッサージと合わせると非常に効果的です。

Point 上肢、即ち腕は、下肢と比較すると筋肉が小さくデリケートな部分が多いので、圧加減には注意してください。特に、脱臼経験があるクライアントなどは注意が必要です。

01. 肩甲骨下方回旋PNF
広背筋ストレッチ&マニュアルコンタクト

◎肩甲骨下方回旋 PNF

　クライアントの両手持って肘関節を伸ばした状態から、施術者は牽引でファーストタッチを入れて、肩甲骨を内側へ引くように肘関節と肩関節を引いていきます（肩甲骨下方回旋）。

　その後、元のファーストポジションに戻して、繰り返しアプローチをしていきます（戻す時はタッチを入れない）。

　これにより、背中全体の動きがなされ、広背筋への刺激を入れることができます。

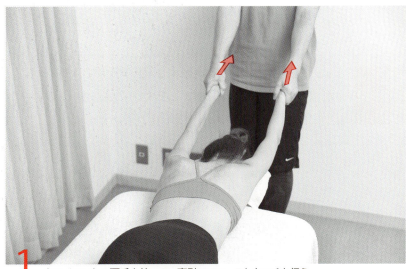

1 クライアントの両手を持って、牽引でファーストタッチを行う。

⬅ 施術者の力の方向　　⬅ 動作の軌跡

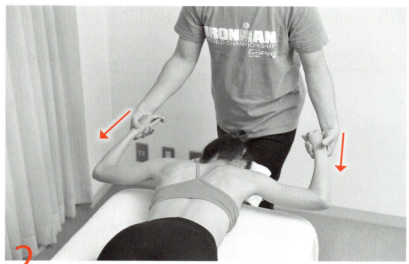

2 施術者が、クライアントの肘関節と肩関節を引くように動かす。

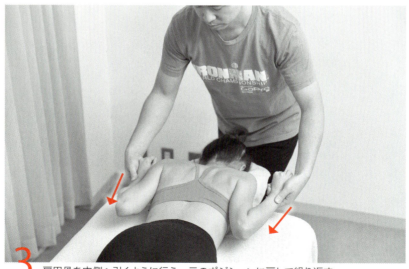

3 肩甲骨を内側へ引くように行う。元のポジションに戻して繰り返す。

＊この PNF を 3 ターンを基本回数として、クライアントの状況に合わせて実施してください。施術時間に余裕がある場合は、疲れず負担のない回数を目安として最大 10 回（往復）程度としてください。

◎広背筋ストレッチ&マニュアルコンタクト

こんな効果も！ 肩関節や肩甲骨周囲の痛み、可動域の改善。肩関節を使う運動の向上。

PNF後、肘関節を伸ばして肩甲骨を上方回旋させたファーストポジションから、施術者側に牽引を入れて広背筋をストレッチします。

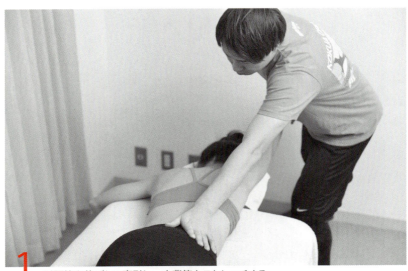

1 肘関節を伸ばして牽引し、広背筋をストレッチする。

クライアントの両手を持って行うとマニュアルコンタクトができませんので、片側ずつストレッチを行って、空いている手で腸骨から腋窩のほうへ広背筋をスージングで流していきます。少し圧を入れた状態で、広背筋の走行に沿って押し上げていくマニュアルコンタクトです。
　3ターン（往復）を基本回数とします（3ターン目は、腋窩にあるリンパ節に流すほうをやや意識的に行うと良いでしょう）。

　　＊スポーツオイルマッサージと組み合わせている場合は、オイルが塗布された
　　　状態ですので、そのまま流していけます。
　　＊PNFストレッチのみで進めていく場合は、ストレッチ前にオイルを少量手に
　　　とって塗布しながらストレッチを実施してください。

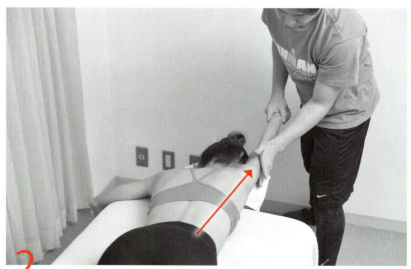

2　腸骨から腋下のほうへ向かって、広背筋の走行に沿ってマニュアルコンタクトする。

02. 上腕三頭筋ストレッチ&マニュアルコンタクト

　Face down（うつ伏せ）―上肢　PNFストレッチでは、これ以降はPNFの手技は入れずにストレッチ&マニュアルコンタクトのみとします。その理由は、スポーツオイルマッサージと組み合わせた時のスムーズな一連の動きを重視しているからです。

◎上腕三頭筋ストレッチ&マニュアルコンタクト

こんな効果も！　　肩関節を使う運動の向上。四十肩、五十肩の予防、改善。

　前手技の後、挙上している上肢に対して、片方ずつクライアントの肘関節を曲げて、手を肩甲骨のほうへ引っ張ります。こうして上腕三頭筋を大きく

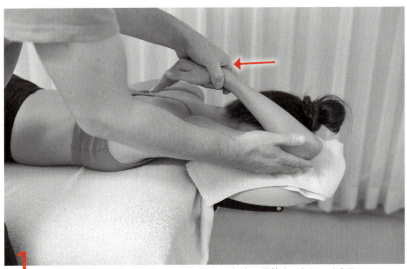

1　肘関節を曲げて肩甲骨のほうへ引っ張り、上腕三頭筋をストレッチする。

ストレッチします。

　これまで何度も、この上腕三頭筋にストレッチを入れていますが、特に肩関節を使うスポーツにおいて負担がかかる部位のため、入念にアプローチしていきます。

　次に、ストレッチされている上腕三頭筋周囲のマニュアルコンタクトを行います。腋窩にあるリンパ節に流していくほうを、やや意識的に行うと、老廃物、リンパをさらに流しやすくなります。少し圧を入れた状態で上腕三頭筋の走行に沿って押し上げていくマニュアルコンタクトです。3ターン（往復）を基本回数とします（3ターン目は、腋窩にあるリンパ節に流していくほうをやや意識的に行うと良いでしょう）。

　　＊以上の一連の施術を、反対の腕も同様に行います。

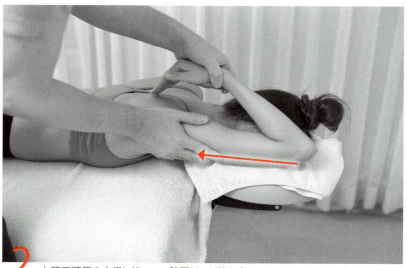

2　上腕三頭筋の走行に沿って、腋下リンパ節に向かってマニュアルコンタクトを行う。

03. 大胸筋ストレッチ&マニュアルコンタクト

◎大胸筋ストレッチ&マニュアルコンタクト

こんな効果も！ 肩こりなどによって肩関節が前面に入り込んでいる状態の改善。

　最後に、クライアントに頭の後ろで手を組んでもらい、施術者は両手でクライアントの両肘を下から上げていきます。

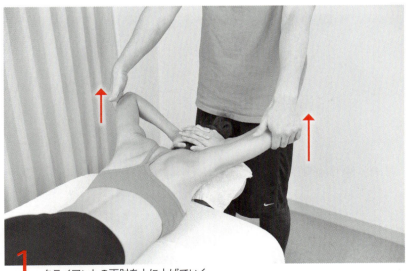

1 クライアントの両肘を上に上げていく。

上方への伸張が止まったら、そのままの高さで施術者自身のほうへさらにストレッチをかけていきます。

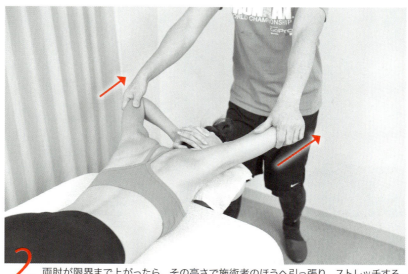

2 両肘が限界まで上がったら、その高さで施術者のほうへ引っ張り、ストレッチする。

次に、施術者は片方ずつクライアントの肘を外して、空いたもう一方の施術者の手でストレッチがかかっているほうの大胸筋の上部付け根あたりを、腋窩の方へリンパを流すようにしてマニュアルコンタクトを行います。
　一方が終了したら、もう一方にも同じようにアプローチします。

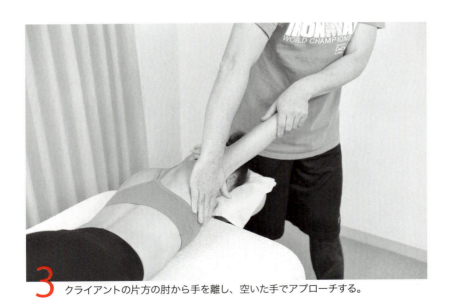

3 クライアントの片方の肘から手を離し、空いた手でアプローチする。

少し圧を入れた状態で、大胸筋の走行に沿って押し上げていくマニュアルコンタクトです。3ターン（往復）を基本回数とします（腋窩にあるリンパ節に流すほうを、やや意識的に行うとさらに良いでしょう）。

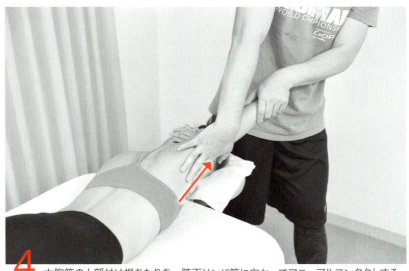

4　大胸筋の上部付け根あたりを、腋下リンパ節に向かってマニュアルコンタクトする。

施術後の注意事項

　PNFスポーツオイルマッサージの施術の中で、動きが少ない関節を動かしたりすることによって、施術後は全身の血流が良くなっていますので、以下のような注意事項が挙げられます。これらについて、クライアントには注意していただくように施術者からアドバイスしておくと、施術後のフォローも適切に行えます。

- 飲酒、長風呂、熱いお風呂、激しい運動は避ける。
- 水分はいつもより多めに摂取する。
- だるさや眠気が出たら、睡眠に入るようにする。
- 睡眠をしっかりと取るようにする（睡眠中に筋肉や内臓のダメージ回復が最大限に働くため）。
- 怪我などで痛めている部位は、症状が軽くなっていても無理に動かさないようにする。

クライアントへのセルフケア指導

　PNFスポーツオイルマッサージは、施術者あってのアプローチとなります。スポーツ後の施術はさることながら、日常のあらゆるケースにも対応できることから、普段から施術を受けることで疲れにくくなり、パフォーマンスの高い状態をキープできます。施術を受ける頻度としては、非常に疲労が蓄積している状態では毎日でも問題ありませんが、週1回程度で身体をメンテナンス、リセットしていくのが理想的です（個人差はあります）。

　そして、施術者がクライアントにセルフケアを指導（コンサルテーション）することで、さらに維持、向上が望めます。ここでは、効果的なセルフケア・コンサルテーションをご紹介します。施術者とクライアントの二人三脚で、ボディメンテナンスを進めていきましょう。

- ■下半身のセルフマッサージ
- ■下半身のセルフストレッチ
- ■上半身のセルフマッサージ
- ■上半身のセルフストレッチ

　次のページから、実技のやり方をご説明します。

●下半身のセルフマッサージ

　施術者がクライアントに対して行うスポーツオイルマッサージを、セルフケアとして行う方法をご紹介します。下半身のセルフマッサージの例です。

1．腓腹筋……セルフニーディング

1 手のひらで腓腹筋を包むようにして、揉みほぐしていく。

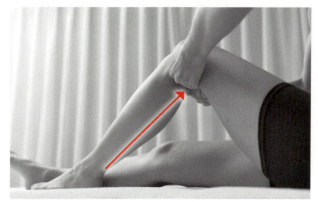

2 下（遠位）から上（近位）に向かってアプローチする。圧が強すぎると筋痙攣を起こすことがあるので注意。

2．大腿部……セルフリンギング

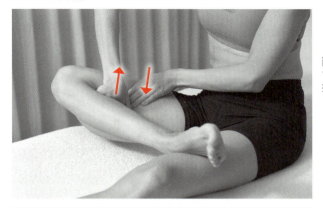

1
両手を交互に動かして、大腿部の筋肉を揉みほぐしていく。

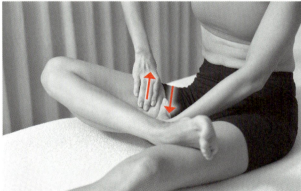

2
下（遠位）から上（近位）に向かってアプローチする。

3
鼠径部のリンパ節に、老廃物を流すようにする。

●下半身のセルフストレッチ

施術者がクライアントに対して行うストレッチを、セルフケアとして行う方法をご紹介します。下半身のセルフストレッチの例です。

1. 股関節内旋筋セルフストレッチ

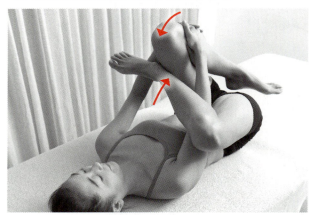

1
片脚（ここでは右脚）の股関節を外旋方向に開き、もう一方の脚に引っかけて体に寄せていく。開いている脚のほうは、逆方向に力を入れると臀部中心にストレッチされる。

2. 股関節外旋筋セルフストレッチ

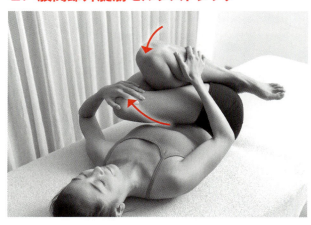

2
1とは逆に、片脚（ここでは右脚）の股関節を内旋方向に閉じ、もう一方の脚に深く組んで体に寄せていく。組んでいる脚のほうの臀部深層筋がストレッチされる。

3．大腿四頭筋セルフストレッチ

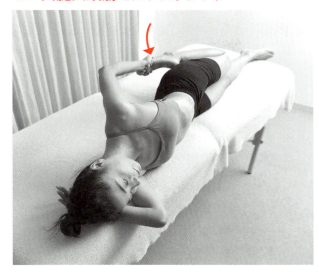

1

側臥位を取り、片脚の膝を屈曲させる。同側の手で足先をつかんで、大腿四頭筋をストレッチする。

●上半身のセルフマッサージ

　施術者がクライアントに対して行うスポーツオイルマッサージを、セルフケアとして行う方法をご紹介します。上半身のセルフマッサージの例です。

上肢セルフニーディング&エフララージ

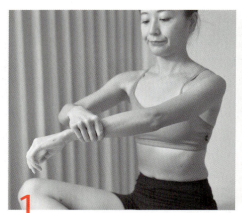
1 手首、前腕のほうからアプローチする。

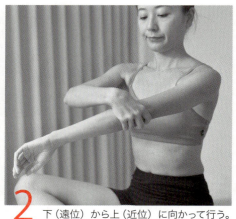
2 下（遠位）から上（近位）に向かって行う。

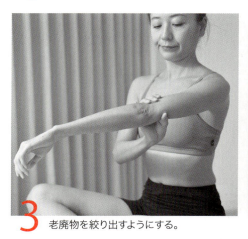
3 老廃物を絞り出すようにする。

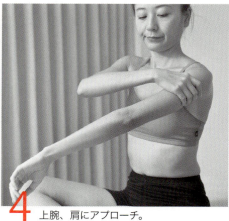
4 上腕、肩にアプローチ。

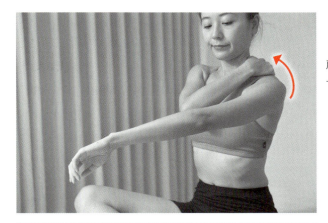

5 肩周辺から僧帽筋上部にアプローチ。

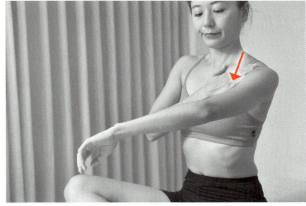

6 エフララージで前面のほうに下りていき、大胸筋上部外側にアプローチ。

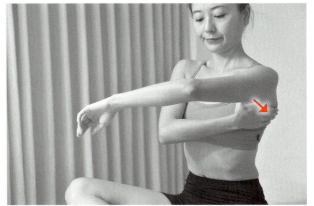

7 腋下リンパ節に、老廃物を流していく。

●上半身のセルフストレッチ

　施術者がクライアントに対して行うストレッチを、セルフケアとして行う方法をご紹介します。上半身のセルフストレッチの例です。

1. 立位側屈セルフストレッチ

1　腕を上げて、片肘を頭に近づける。
2　上腕三頭筋と脇腹をストレッチ。

2. 立位前屈セルフストレッチ

1 体の後ろで両手を組む。

2 組んだ両手のひらを下に向ける。

3 前屈して、組んだ両手を上げる。

4 脚を交差させて、ストレッチする。

おわりに

●次世代のセラピスト、トレーナーの皆様へ

　私がこの仕事（セラピスト、トレーナー）を志したのは、西暦2000年頃です。当時はまだまだ、この仕事への社会的な認知度も周囲の理解度も低かったといえます。

　その頃、日本では身体に異常を感じてから治療するという概念が強く、健康な時からメンテナンスする習慣は根付いていませんでした。そのため、この分野は欧米より遅れていると感じていました。

　時が経ち、現在はストレッチやトレーニング、フィットネスなどに関するスタジオやサロンが随分と増えてきました。健康増進のためにスポーツや運動に取り組み、健康寿命を伸ばすこと、予防医学が重要であると一般の方の意識も変わってきているように思われます。この意識変化は、私自身がクライアントと日々接する中で、肌で感じています。まさにこれからの時代、セラピストやトレーナーの需要は増えていくのです。

　そして、この需要はアスリートやスポーツ愛好家からも増えており、パフォーマンス維持、向上のためにも私たちの役割は重要なのです。さらには日本国内だけでなく、海外にも目を向ければ可能性は無限大となります。

　今、私は海外に出て、日本人のセラピストやトレーナーの能力は非常に高いということを実感しています。日本人特有の技術、知識に対する探究心、真面目さ、謙虚さ、人を察する力、いわゆる場の雰囲気を読む能力などは、世界的に見ても飛び抜けているのではないでしょうか？　あと必要なのは、経験だけです。

私たち「国境なきセラピスト団」は海外のスポーツ現場で、これまで多くの日本人セラピストやトレーナーたちに、超実践型の経験を提供し続けてきました。

　それは、本書で紹介したTsuji式PNF × style Yos!! スポーツオイルマッサージによるアスリートたちへの施術だけではありません。仕事関連の渡航として航空券やホテルを手配すること、外国人とコミュニケーションを取ること、同じ志を持つセラピストやトレーナーとの共同生活、そして、時には様々なトラブルに巻き込まれることも含めて、人として大きく成長できる機会になっています。そう、経験は何よりも勝るのです。

　私たちも最初は、ちょっとしたチャレンジ精神からこの活動をスタートしました。そこで積み重ねた経験から、試行錯誤しながらも磨き上げ、本手技は生まれました。そして、今では世界で認められるアプローチ法として評価を受けるまでになっております。

　特にこれからの時代を担う若いセラピストやトレーナーの方々には、一歩足を踏み出し、ぜひ積極的にいろいろなことにチャレンジしてもらいたいと思います。共同代表の田中代志美先生と共に、いつもそのような思いを抱いております。

国境なきセラピスト団　　辻 亮

田中 代志美　Yoshimi Tanaka

アイアンマン世界大会公式トレーナー、karada Lab. 代表。ハワイでスウェディッシュトリートメントを始めとした手技療法を学ぶ。現地スクールの講師を務める傍ら、共著者の辻と出会い、自身が携わっていたアイアンマンレースの選手ケアを共同で行う。その後「Tsuji 式 PNF × style Yos!! スポーツオイルマッサージ」として技術を確立、さらなる選手ケアに邁進する。

辻 亮　Ryo Tsuji

アイアンマン世界大会公式トレーナー、UP+CONDITION 代表。Tsuji 式 PNF テクニック考案者。米国 PNF を学び、その有用性を日本の医療、美容業界等で発表、多くの評価を得る。自身の PNF スクールで出会った共著者の田中と共に「Tsuji 式 PNF × style Yos!! スポーツオイルマッサージ」を開発。自らも選手となり技術検証に努める筋金入りの現場主義者。

写真モデル ● 安達亜衣
写真撮影 ● 漆戸美保
本文デザイン ● 澤川美代子
装丁デザイン ● 中野岳人

世界のトップアスリートも認めた、究極の身体回復・向上トリートメント
PNFスポーツオイルマッサージ
動的×**静的**アプローチで深部筋肉・神経まで働きかける！

2016 年 4 月 30 日　初版第 1 刷発行

著　者	田中代志美
	辻亮
発行者	東口敏郎
発行所	株式会社 BAB ジャパン
	〒 151-0073 東京都渋谷区笹塚 1-30-11　4・5 F
	TEL　03-3469-0135　　　FAX　03-3469-0162
	URL　http://www.bab.co.jp/
	E-mail　shop@bab.co.jp
	郵便振替 00140-7-116767
印刷・製本	中央精版印刷株式会社

ISBN978-4-86220-972-6 C2077

※本書は、法律に定めのある場合を除き、複製・複写できません。
※乱丁・落丁はお取り替えします。

DVD Collection

収録時間66分
本体5,000円+税

トップ・アスリート達が絶賛した世界最高峰の施術が学べます!

極度に疲弊した肉体であってもほぐし&動作調整で迅速かつ確実に回復!

世界で最も過酷なスポーツといわれるアイアンマン*・レース世界大会で選手の回復と調整に採用されている「PNF&オイルマッサージ」。海外トップ・アスリート達が認めた世界最高峰の手技療法を開発者・田中代志美&辻亮先生自らが丁寧に指導。繊細で即効的な技術が要求される大会現場で磨き上げられた技術は、他のスポーツはもちろん、頑固な疲労や不定愁訴で悩む一般の方へのケアにも大きな効果を発揮します。

*アイアンマン(IRONMAN)…トライアスロンの最も長いレース。スイム3.8km、自転車180km、ラン42.195kmをいっきに駆け抜ける。

超回復の手技療法
究極のスポーツトリートメント
PNF&オイルマッサージ

指導/監修
田中代志美(スポーツトリートメント・セラピスト)
辻 亮(Tsuji式PNFテクニック考案者)

オイルマッサージ
ほぐし、老廃物・疲労物質排出

PNF&ストレッチ
動作調整・改善、主要筋肉の伸張

CONTENTS

本手技は、全てを行い効果的な「疲労回復」「全身調整」を主目的とした新しいメニューとして採用していただくことはもちろん、クライアントの状況に合わせ、部位毎に取り入れていただくことも出来ます

■基本手技の解説　○Style Yoshiの基本手技　○Tsuji式PNFの基本手技
■施術の解説
1) **Face up(仰向け)/下肢** 【期待出来る主な効果】むくみ・セルライト解消、膝股関節痛の改善、下肢を使うスポーツをする方のケア　○スポーツオイルマッサージ編　○PNFストレッチ編
2) **Face up(仰向け)/上肢** 【期待出来る主な効果】頭痛・眼精疲労、頸部・肩関節・肘関節痛の改善、上肢を使うスポーツをする方のケア　○スポーツオイルマッサージ編　○PNFストレッチ編
3) **Face down(うつ伏せ)/下肢** 【期待出来る主な効果】むくみ・セルライト解消、膝股関節痛の改善、下肢を使うスポーツをする方のケア(仰向けに同じ)　○スポーツオイルマッサージ編　○PNFストレッチ編
4) **Face down(うつ伏せ)/上肢** 【期待出来る主な効果】頭痛・眼精疲労、頸部・肩関節・肘関節痛の改善、上肢を使うスポーツをする方のケア(仰向けに同じ)　○スポーツオイルマッサージ編　○PNFストレッチ編

田中代志美
(アイアンマン世界大会公式トレーナー、karada Lab.代表)

ハワイでスエディッシュを始めとした手技療法を学ぶ。現地スクールの講師を勤める傍ら辻と出会い、自身が携わっていたアイアンマンレースの選手ケアを辻と共同で行う。その後「Tsuji式PNF×スポーツオイルマッサージstyle yoshi」として技術を確立、さらなる選手ケアに邁進する。

辻亮
(アイアンマン世界大会公式トレーナー、UP+CONDITION代表)

Tsuji式PNFテクニック考案者。米国PNFを学び、その有用性を日本の医療、美容業界等で発表、多くの評価を得る。自身のPNFスクールの生徒でもあった田中と共に「Tsuji式PNF×スポーツオイルマッサージstyle yoshi」を開発。自らも選手となり技術検証に努める筋金入りの現場主義者。

DVD&BOOK Collection

Tsuji式 神経・筋・関節の機能を最大化する
PNFテクニック入門 [BOOK]

体の潜在能力を活かす施術で、様々な舞台で活躍する。

神経と筋肉の仕組みを使って、楽に、的確に、そして効率よく施術できる……、それが"PNF"。リハビリテーションの手法として考案され、アスリートやダンサーのトレーニング、身体調整法として発達した施術メソッドです。受ける側に無理をさせず、施術する側も力を必要としない技術と理論です。

目次：■導入編 日本一分かりやすいPNF入門（PNFとは何か・PNFの効果）／■実践編1 上肢パターン（上肢のファースト＆アフターストレッチ、小顔引き締め・首のこり、二の腕の引き締め・肩こり、首こり、バストアップ・姿勢改善・呼吸の連動PNF）／■実践編2 コアパターン（コアのファースト＆アフターストレッチ、他）／■実践編3 下肢パターン（下肢のファースト＆アフター ストレッチ、他）／他

◎辻亮 著　◎四六判　◎211頁　◎本体1,600円＋税

Tsuji式 初動負荷で感覚神経に働きかける！
PNFテクニック入門 [DVD]

アスリートやダンサーから絶大な支持を得ている米国発の身体調整法"PNF"

米国でリハビリ用に開発されたPNFは、体の「反射」を利用して神経・筋肉機能と関節に働きかける今注目の手技療法。腰痛・肩こりなどの改善、お腹などの気になる部位の引き締め、柔軟・敏捷性など運動能力の向上に期待できます。監修・指導:辻亮（PNFトレーニング講師）

contents:■PNF概論　■柔軟性・可動域チェック　■アプローチの仕方　■PNF・上肢パターン（上肢・頚部のストレッチ／顔のむくみ 首コリ／肩こり 二の腕の引き締め／バストアップ）　■PNF・コアパターン（コアパターンのファーストストレッチ／肩甲骨の引き締め／お腹の引き締め／腰痛改善／他）　■PNF・下肢パターン（足首・ふくらはぎ引き締め／太もも引き締め／O脚矯正／他）

◎収録時間90分　◎本体5,000円＋税

Tsuji式 家庭でもできる！一人でも簡単
PNFホームケア入門 [BOOK]

一生介護いらずの身体になる！ 神経トレーニング「神(しん)トレ」

スポーツ選手や一般の人のコンディショニングから美容まで応用されてい『PNF』。PNFを使った神経トレーニング（神トレ）は、今話題のロコモティブシンドローム（運動器症候群）をはじめ、転倒、寝たきり、認知症の予防に最適。神経の伝達を促し、関節の可動域を広げることで、日常の運動能力を高め、腰痛・肩こりなどの改善もできます

contents:■論編：PNFとは?／神経→脳→筋肉へとアプローチ／力がいらない神経トレーニング／身体に備わる姿勢反射／Tsuji式PNFはソフトタッチで／他　■実践編：Tsuji式PNFテクニックの7大要素／PNFストレッチ／PNFトレーニング／「介護予防」時と「介護」時のアプローチの違い／下肢へのアプローチ／他

◎辻亮 著　◎A5判　◎168頁　◎本体1,700円＋税

Tsuji式 弱った身体が甦る
PNFホームケア入門 [DVD]

家庭でもできる。一人でも簡単！
頚部、上肢、体幹、下肢の不調を神経トレーニングで優しく改善！

医療の現場でも有用なPNFを家庭でも使えるコンディショニングケアに再構築しました。ロコモティブシンドローム（加齢や生活習慣が原因の足腰などの衰え）をはじめ、転倒、寝たきり、認知症の予防に最適。介護を必要としない、健康な体になるための即効メソッドを多数収録。

contents
PNFの歴史／神経へのトレーニングとは／介護予防に使えるアプローチ法／Tsuji式PNF7大要素／下肢パターン編／コアパターン編／上肢パターン編／頚部・顔面パターン編／セルフケア

■指導・監修:辻亮　◎収録時間95分　◎本体5,000円＋税

BOOK Collection

仙骨の"コツ"はすべてに通ず
仙骨姿勢講座

骨盤の中心にあり、背骨を下から支える骨・仙骨は、まさに人体の要。これをいかに意識し、上手く使えるか。それが姿勢の良し悪しから身体の健康状態、さらには武道に必要な運動能力まで、己の能力を最大限に引き出すためのコツである。本書は武道家で医療従事者である著者が提唱する「運動基礎理論」から、仙骨を意識し、使いこなす方法を詳述。

●吉田始史 著　●四六判　●230頁　●本体1,400円+税

身体論者・藤本靖の
身体のホームポジション

正しい姿勢、正中線、丹田、etc… 自分の身体の正解を、外に求めてばかりいませんか？ 外の知識を無理矢理自分に当てはめても、本当に自分のものにするのは難しいものです。スポーツ、武道、ダンス、日常にまで本当に自立した、自分の身体が好きになれる「正解」は全部、あなたのなかにあります。この本ではそんな方法を紹介していきます。

●藤本靖 著　●四六判　●243頁　●本体1,500円+税

気分爽快！**身体革命**
だれもが身体のプロフェッショナルになれる！

3つの「胴体力トレーニング〈伸ばす・縮める〉〈丸める・反る〉〈捻る〉」が身体に革命をもたらす!! ■目次：総論　身体は楽に動くもの／基礎編①　身体の動きは三つしかない／基礎編②　不快な症状はこれで解消できる／実践編　その場で効く伊藤式胴体トレーニング／応用編　毎日の生活に活かす伊藤式胴体トレーニング

●伊藤昇 著／飛龍会 編　●四六判　●216頁　●本体1,400円+税

天才・伊藤昇と伊藤式胴体トレーニング
「胴体力」入門

武道・スポーツ・芸能などの天才たちに共通する効率のよい「胴体の動き」を開発する方法を考案した故・伊藤昇師。師の開発した「胴体力」を理解するために、トレーニング法や理論はもちろんのこと生前の伊藤師の貴重なインタビューも収録した永久保存版。月刊「秘伝」に掲載されたすべての記事を再編集し、膨大な書き下ろし多数追加。

●「月刊 秘伝」編集部 編　●B5判　●232頁　●本体1,800円+税

柔らかな芯のある〈跳ぶ〉カラダを手に入れる
柔芯体メソッド

「中心点」「表と裏のストレッチ」を意識して動くことで、自然にカラダのなかに生まれて、滑らで、いつでも跳べるチカラのもと柔らかな芯〈柔芯〉を感じる方法をご紹介！ プロダンサーとして世界を舞台に30年活動。5000人以上のダンサーを指導してきた著者が、その体験から得た「ほんとに動くカラダになるメソッド」を全公開！

●稲吉優流 著　●四六判　●212頁　●本体1,400円+税

人類史上、最もカンタンな"健康法"「機能姿勢」に気づく本
たった数ミリ動くだけで楽になり、見える世界が変わる！

良い姿勢＝悪い姿勢!?　身体の見方と状態が180度転換する。機能姿勢とは、その時、その人にとって、心身共に最も機能的な姿勢です。わずかな動きで、いつも「機能姿勢」から離れずにいれば、心身の健康はもちろん、自信、幸福感、周りの人との関係性などがグングン向上します。

●池上悟朗 著　●四六判　●200頁　●本体1,300円+税

BOOK Collection

運動基礎理論が教える
武道の"コツ"でスポーツに勝つ！

スポーツで上達するためには、効率の良い身体の使い方"コツ"をものにしなければならない。そしてそのトレーニング法は長い歴史を有す武道にこそ、蓄積されているのだ！今、コツの集大成「運動基礎理論」が公開される!! ■本書で取り上げるスポーツ：野球、テニス、バドミントン、短距離走、マラソン、剣道、バスケット、サッカー、ゴルフ…など多数。

●吉田始史 著　●A5判　●248頁　●本体 1,800円+税

1回30秒 ノーモーション筋トレ 86種類のポーズを一挙公開！

ポーズを決め、鍛えたい筋肉を意識して、ギュギューッと力を込めるだけ！ いつでもどこでもダイエット&健康UP！ アイソメトリックス（等尺性筋収縮トレーニング）理論に基づく全身を網羅した筋トレポーズを紹介。器具を使わず安全で、"普通の人"には充分すぎる効果が得られる！ 護身武道・心体育道の廣原誠師による新トレーニング法を公開!!

●原誠 著　●四六判　●224頁　●本体 1,300円+税

腱引き療法入門
筋整流法が伝える奇跡の伝統秘伝手技

知られざる驚異の日本伝統手技療法の実践&入門書。「腱引き」とは、古の武術家たちに伝承された日本の伝統手技療法。ごく短い時間で、体の不調を根本原因から改善するというとても効果の高い、幻の身体調整法を紹介。 ■目次：腱引きの魅力と筋整流法／筋整流法・腱引き療法の基本的な考え方／基本施術（初級）の流れ／筋整流法による改善例とその見立て／他

●小口昭宣 著　●A5判　●224頁　●本体1,600円+税

実践! 腱引き療法

古の武術家たちは、いざという時に備えて武術の「殺法」を日々の修練として行いながら、それにともなう故障を「腱引き」によって瞬時に改善していたという。この技術は、現代のサムライ（＝アスリート）たちに活かすことのできる、まさに「活法」である。本書ではパフォーマンスの向上、練習後の回復力の促進、怪我の予防、不調の改善、故障からの復帰、試合前やインターバル中でも出来る即効調整など、スポーツの現場で役立つ療術の数々を紹介する。

●小口昭宣 著　●A5判　●208頁　●本体 1,800円+税

メンタルによる運動障害
「イップス」かもしれないと思ったら、まず読む本

「心のしくみを知って克服し、さらに大きく飛躍できる！」 イップス（YIPS）とは、スポーツなどにおいて、精神的な要因によって思い通りのプレーができなくなる運動障害のことです。本書では、自然な心と体を取り戻し、イップスを乗り越える方法をわかりやすくお伝えします。目の使い方などの具体的なコツや、日常での意識の持ち方など、スグ効果を実感できます！

●河野昭典 著　●四六判　●176頁　●本体 1,300円+税

（財）日本健康スポーツ連盟
健康スポーツセラピスト知識検定公式テキスト

「健康スポーツセラピスト知識検定」とは身体機能を強化するスポーツや運動に関する正しい知識を、整体師、カイロプラクター、アロマセラピストなどの各種セラピストたちにつけてもらい、その知識を認定するための検定です。2011年の法改正により、国家戦略としてスポーツ立国を目指す方針が示されました。出題範囲を完全網羅した初の公式教本です。

●水嶋昭彦 著　●A5判　●264頁　●本体1,800円+税

Magazine

アロマテラピー＋カウンセリングと自然療法の専門誌
セラピスト

スキルを身につけキャリアアップを目指す方を対象とした、セラピストのための専門誌。セラピストになるための学校と資格、セラピーサロンで必要な知識・テクニック・マナー、そしてカウンセリング・テクニックも詳細に解説しています。

- 隔月刊 〈奇数月7日発売〉 ●A4変形判 ●164頁
- 本体917円＋税 ●年間定期購読料5,940円（税込・送料サービス）

セラピーのある生活
Therapy Life

セラピーや美容に関する話題のニュースから最新技術や知識がわかる総合情報サイト

セラピーライフ 検索

http://www.therapylife.jp

業界の最新ニュースをはじめ、様々なスキルアップ、キャリアアップのためのウェブ特集、連載、動画などのコンテンツや、全国のサロン、ショップ、スクール、イベント、求人情報などがご覧いただけるポータルサイトです。

オススメ

『記事ダウンロード』…セラピスト誌のバックナンバーから厳選した人気記事を無料でご覧いただけます。
『サーチ＆ガイド』…全国のサロン、スクール、セミナー、イベント、求人などの情報掲載。
WEB『簡単診断テスト』…ココロとカラダのさまざまな診断テストを紹介します。
『LIVE、WEBセミナー』…一流講師達の、実際のライブでのセミナー情報や、WEB通信講座をご紹介。

スマホ対応 隔月刊セラピスト公式Webサイト

ソーシャルメディアとの連携

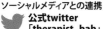 公式twitter「therapist_bab」

 『セラピスト』facebook公式ページ

100名を超す一流講師の授業がいつでもどこでも受講できます！
トップクラスの技術とノウハウが学べる
セラピストのためのWEB動画通信講座

500動画配信中!!

セラピー動画 検索

THERAPY COLLEGE

セラピーNETカレッジ

http://www.therapynetcollege.com/

セラピー・ネット・カレッジ（TNCC）は、セラピスト誌がプロデュースする業界初のWEB動画サイト。一流講師による様々なセラピーに関するハウツー講座を180以上配信中。
全講座を何度でも視聴できる「本科コース（月額2,050円）」、お好きな講座だけを視聴できる「単科コース」をご用意しております。eラーニングなのでいつからでも受講でき、お好きな時に何度でも繰り返し学習できます。

 パソコンでじっくり学ぶ！

 スマホで効率よく学ぶ！

 タブレットで気軽に学ぶ！